AF411527

Lost Paradise

**Mark Dion | Stefan Panhans | Andreas Schulze
Marta Volkova & Slava Shevelenko | David Zink Yi**

kuratiert von | curated by Zdenek Felix und | and Ludwig Seyfarth

KAI 10 | ARTHENA FOUNDATION   **KERBER** ART

Inhaltsverzeichnis

Contents

Vorwort

Mit der Ausstellung *Lost Paradise* setzt KAI 10 | Arthena Foundation die 2008 begonnene Reihe von thematisch orientierten Ausstellungen zeitgenössischer Kunst fort. Diese Schau richtet den Fokus auf das Verhältnis des Menschen zur Natur und besonders zur Tierwelt. Wenn wir von dieser Beziehung sprechen, berühren wir unsere biologischen Wurzeln, die auch eine noch so entwickelte Zivilisation nicht hinter sich lassen kann. Die Frage, inwieweit wir mit unserer animalischen Natur verbunden sind und was unser Dasein von dem der Tiere unterscheidet, eröffnet ein breites wissenschaftliches und künstlerisches Spannungsfeld, das man mit Recht zu den ältesten und elementarsten Themen der Kunstgeschichte seit den Höhlemalereien von Lascaux (zwischen 17.000 und 15.000 v. Chr.) zählen darf. Zweifellos bilden Tiere und ihre Darstellung ein reichhaltiges Reservoir für metaphorische Vergleiche zur Aneignung und Beherrschung der Natur durch den Menschen. Anhand ausgewählter Beispiele geht die Ausstellung dieser Metaphorik nach und zeichnet ein zeitgenössisches Profil dieses gestörten, keineswegs harmonischen Verhältnisses.

Die Schau *Lost Paradise* stellt die Frage, inwiefern unsere Erde ein verlorenes Paradies sei. Die Menschheit verbraucht derzeit fünfzig Prozent mehr Ressourcen, als die Erde im gleichen Zeitraum erneuern kann. „Macht die Menschheit weiter wie bisher, sind bis 2030 zwei komplette Planeten notwendig, um den Bedarf an Nahrung, Wasser und Energie zu decken", warnt Eberhard Brandes, Vorstand des deutschen Woldwide Fund For Nature (WWF). Die natürlichen Ressourcen der Erde können sich kaum noch vom Raubbau durch den Menschen erholen. Leidtragende sind vor allem die Tiere. Die Zahl der Säugetiere, Fische, Vögel und Reptilien hat sich zwischen 1970 und 2010 weltweit halbiert. Das geht aus dem Bericht *Living Planet Report 2014* der Umweltstiftung WWF, der vor kurzem in Berlin vorgestellt wurde, hervor.

Wie reflektieren die Künstler dieses prekäre Verhältnis von Mensch und Tierwelt? Und welche Perspektiven geben sie im Hinblick auf die Zukunft? Die Ausstellung *Lost Paradise* und die begleitende Publikation geben dazu spannende Einblicke.

Mein Dank gilt zunächst den beiden Kuratoren Zdenek Felix und Ludwig Seyfarth für das Ausstellungskonzept und die gelungene Installation in den Räumen von KAI 10. Den Künstlerinnen und Künstlern Mark Dion, Stefan Panhans, Andreas Schulze, Marta Volkova & Slava Shevelenko und David Zink Yi danke ich für die wunderbaren Beiträge zu unserem Projekt.

Ohne zahlreiche bedeutende Leihgaben wäre die Ausstellung nicht möglich gewesen. Hierfür danke ich den Galerien Nagel Draxler, Köln/Berlin, Georg Kargl, Wien, Sprüth Magers, Berlin/London, Johann König, Berlin und FeldbuschWiesner, Berlin wie auch der Sammlung Roel Arkesteijn, Antwerpen.

Ferner danke ich dem Team von KAI 10, namentlich Marion Eisele, Julia Höner, Nora Krause, Paul und Ute Rosenthal und Julia Schleis für die tatkräftige Mitarbeit. Dank gebührt ebenfalls den Autoren Zdenek Felix, Ludwig Seyfarth und Cora Waschke für deren Katalogbeiträge. Gestaltet wurde die Publikation von der Berliner Grafikerin Carolin Jap Lim.

Monika Schnetkamp
Vorsitzende Arthena Foundation

Preface

With the exhibition *Lost Paradise*, KAI 10 | Arthena Foundation is continuing its series of thematic exhibitions of contemporary art begun in 2008. This show focuses on the relationship of human beings to nature, especially to the world of animals. When we talk about this relationship we allude to our biological roots, which not even our developed civilization is capable of leaving behind. The question of to what extent we are connected to our animal nature, and what distinguishes our existence from that of an animal's opens up a broad, intriguing scientific and artistic field that can justifiably be counted among the oldest and most elementary themes of art history since the cave paintings of Lascaux (between 17,000 and 15,000 BCE). No doubt animals and depictions of them comprise a substantial reservoir of metaphorical comparisons on the ways that humans appropriate and dominate nature. The exhibition examines these metaphors in selected examples, drawing a contemporary profile of this disturbed, unharmonious relationship.

Lost Paradise asks to what extent has our earth become a lost paradise. Currently, human beings use fifty percent more resources than the earth can renew within the same period of time. "If we continue to do as we have done until now, by 2030 we will need two entire planets to fulfill our needs for food, water, and energy," warns Eberhard Brandes, chairman of the Worldwide Fund for Nature (WWF) Germany. The earth's natural resources can hardly recover from humankind's predatory exploitation. Animals are the ones who suffer most from this. Between 1970 and 2010 the number of mammals, fish, birds, and reptiles worldwide has been halved, says the *Living Planet Report 2014*, which was published by the WWF and presented just recently in Berlin.

How do artists reflect this precarious relationship between humans and animals? And what sort of perspectives can they offer for its future? The exhibition *Lost Paradise* and its accompanying publication provide fascinating insights into these subjects.

My thanks go first to the show's two curators, Zdenek Felix and Ludwig Seyfarth, for their exhibition concept and the excellent installation of the works in the KAI 10 space. I also thank the artists Mark Dion, Stefan Panhans, Andreas Schulze, Marta Volkova & Slava Shevelenko, and David Zink Yi for their wonderful contributions to our project. The show would not have been possible without the many important loans, and for these I would like to thank the following galleries: Nagel Draxler, Cologne/Berlin; Georg Kargl, Vienna; Sprüth Magers, Berlin/London; Johann König, Berlin; and FeldbuschWiesner, Berlin; as well as the Roel Arkesteijn Collection, Antwerp.

Furthermore, I am grateful to the staff of KAI 10, namely Marion Eisele, Julia Höner, Nora Krause, Paul and Ute Rosenthal, and Julia Schleis, for their energetic work. Thanks also go to the authors Zdenek Felix, Ludwig Seyfarth, and Cora Waschke for their contributions to the catalogue, which was designed by Carolin Jap Lim, Berlin.

Monika Schnetkamp
Chairwoman, Arthena Foundation

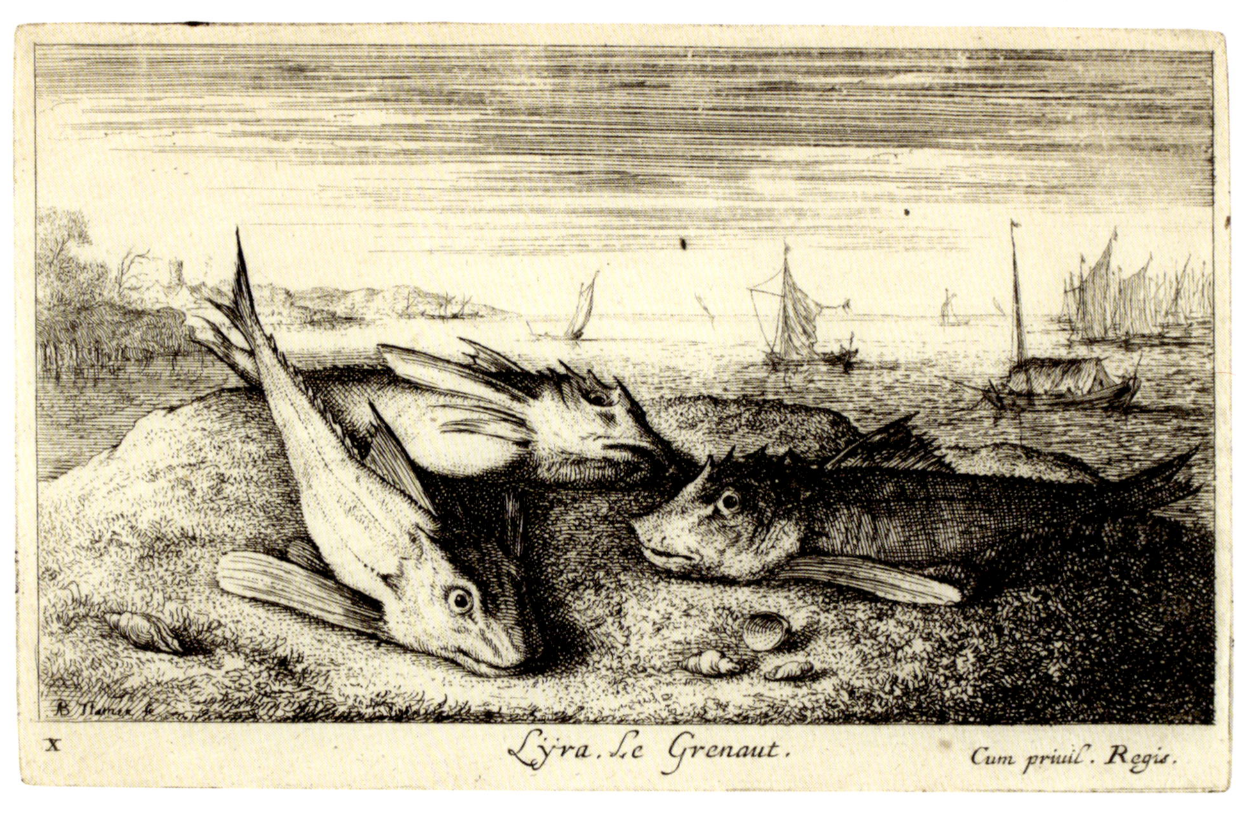

Albert Flamen (ca.1620–1693), *Der Knurrhahn (Lyra. Le Grenaut)*, 1664
Radierung I **etching**, Aus einer Folge von 12 Radierungen mit Darstellung
von Meeresfischen I **From a series of 12 etchings of images of sea fish**
Wallraf-Richartz-Museum & Fondation Corboud, Köln I **Cologne**,
Graphische Sammlung (Dieter Bongartz), Inv. 2011/18-10

Im Zeitalter der Insekten

Waren wir einst mit der Tierwelt und der gesamten Natur glücklich vereint? Sind wir aus einem ursprünglichen Naturzustand, etwa dem biblischen Paradies, in unser heutiges, irdisches Jammertal hineingeraten, also vom guten Tier zum schlechten Menschen mutiert? Ist das Paradies ein Ort, auf den jeder im Jenseits hoffen darf, sofern er kein allzu sündiges Leben geführt hat? Ist es ein Zustand, der unsere biologische und organische Existenz hinter sich lässt? Thomas von Aquin war der Überzeugung, dass nach der Auferstehung alle körperlichen Bedürfnisse, die Mensch und Tier gemein haben, wie Essen, Trinken, Schlafen und Sichfortpflanzen, fehlen werden. Der Mensch habe dann als rein vergeistigte Seinsform gleichsam zu sich selbst gefunden.[1]

Solange er seine irdische Existenz nicht verlassen hat, bleibt der Mensch jedoch der Tierwelt verbunden, nicht nur biologisch, auch metaphorisch. Vergleiche zwischen Mensch und Tier werden vor allem dort gezogen, wo diese sich äußerlich oder vom Lebensraum her am nächsten zu stehen scheinen. „Die Gleichsetzung von Mensch und Tier ist uralter Herkunft. Aus ihr sind die Fabeln und Götter aller Religionen entstanden"[2], schreibt der Kunsthistoriker Jurgis Baltrušaitis, der sich grundlegend der Tierphysiognomik gewidmet hat. Schon in der Antike stellte man aus äußeren Ähnlichkeiten Parallelen zwischen menschlichen Charakteren und denen bestimmter Tierarten her. Während Hunde oder Katzen bei vielen Menschen Gefühle der Zuneigung auslösen können, erwecken Insekten häufig Abscheu und Ekel und man setzt sich selten für ihren Schutz ein. „Es wird immer wieder über Menschenrechte für Menschenaffen diskutiert, im Hinblick auf Moskitos oder Borkenkäfer eine eher selten gestellte Forderung"[3], schreiben die Herausgeber des Sammelbandes *Ich, Das Tier*, der sich umfassend mit Tierpersönlichkeiten in Kunst und Literatur befasst.

Aber sind solche Unterschiede berechtigt? Carolyn Christov-Bakargiev, künstlerische Leiterin der *dOCUMENTA (13)*, vertritt ein nachhumanistisches Weltbild, das alle Lebewesen als gleichwertig ansieht und erregte Aufsehen mit Äußerungen wie dieser: „Meiner Meinung nach dürfen sich in einer wahren Demokratie alle äußern. Die Frage ist nicht, ob wir Hunden oder Erdbeeren die Erlaubnis zum Wählen erteilen, sondern wie eine Erdbeere ihre politische Intention vorbringen kann."[4] Auch andere gemeinhin gemachte Unterschiede, wie der zwischen menschlichen und tierischen Erzeugnissen, etwa zwischen einem Kunstwerk und einem Bienenstock, lässt Christov-Bakargiev nicht gelten: „Ich denke nicht, dass die Werke der Menschen besser sind als andere Werke. Auch Ihr Körper steckt

In the Age of Insects

Were we once happily unified with the animal kingdom and the rest of nature? Have we gone from our original, natural state—say, the Biblical paradise—to our current earthly valley of sorrows? Did we mutate from good animals into bad humans? Is paradise a place where anyone who has not led all too sinful a life can hope to spend eternity? Is it a state that leaves our biological and organic existence behind? Thomas Aquinas was convinced that after the resurrection, all physical needs common to both human and animal—such as eating, drinking, sleeping, and reproducing—would no longer be necessary. The human being then would have found his way back to himself, as it were, in the purest spiritual form.[1]

As long as he has not left his earthly existence, though, the human being remains connected to the animal world, not only biologically, but metaphorically, as well. Comparisons between humans and animals are mainly drawn where there are external similarities or they share common living areas. "Equating humans and animals derives from ancient times. Out of this arose the fables and gods of all religions,"[2] writes the art historian Jurgis Baltrušaitis, who basically devoted himself to animal physiognomy. Even in ancient days external similarities led humans to draw parallels between their own characteristics and those of certain species of animals. Whereas dogs or cats stimulate feelings of affection in many people, insects frequently awaken revulsion and disgust, and hardly anyone advocates for their protection. "The rights of apes are often discussed, but they are rarely demanded on behalf of mosquitos or bark beetles,"[3] write the editors of the miscellany *Ich, Das Tier* (I, the animal), which deals extensively with animal personalities in art and literature.

Yet, are these kinds of distinctions justified? Carolyn Christov-Bakargiev, artistic director of the *dOCUMENTA (13)*, represented a post-human vision of the world in which all living creatures are regarded as equal; she created a furor with statements such as this: "In my opinion, in a true democracy everyone is allowed a voice. The question is not whether we give dogs or strawberries the right to vote, but how a strawberry can propound upon its political intention."[4] Also, other generally held distinctions, such as those between human and animal creations—the difference between a work of art and a bee hive, for instance—are not considered valid by Christov-Bakargiev: "I don't hold the opinion that the works of human beings are better than other works. Our bodies, too, are full of bacteria, are occupied by other living creatures. They are permeated by other realities."[5] According

voller Bakterien, ist besetzt von anderen Lebewesen, sie sind von anderen Realitäten durchdrungen."[5] Für solch eine Weltsicht dürfte demnach auch kein Unterschied gelten zwischen den Tieren, denen man eine ‚Persönlichkeit' zuschreibt,[6] und denen, die weniger zu einer Projektion menschlicher Gefühle anregen.

Tiere, Pflanzen und die Natur als Ganzes nicht aus der Sicht der Menschen und ihrer Gefühlswelten zu betrachten, sondern autonom zu verstehen, ist ein Ansatz, der auch in den gegenwärtigen Debatten um den Spekulativen Realismus herumgeistert. Der Grundgedanke ist jedoch nicht neu: Wenngleich weniger auf Tiere denn auf Pflanzen oder Wetterphänomene bezogen, kritisierte der englische Kunstschriftsteller John Ruskin schon Mitte des 19. Jahrhunderts die Tendenz des Menschen, seine Gefühle in die Natur zu projizieren, was er „pathetic fallacy"[7] (Vermenschlichung der Natur) nannte. Das von ihm bewunderte Gegenbeispiel war die Darstellungsweise seines Lieblingsmalers William Turner, der er unterstellte, der Natur objektiv gerecht zu werden.

Auf alten Stichen aus dem 17. Jahrhundert von Albert Flamen oder Wenzel Hollar sehen wir gestrandete Fische, Wale oder Insekten verschiedenster Art. Es ist aufregend zu beobachten, wie in die von freier Fantasie geprägten Darstellungen der Tierwelt zunehmend eine wissenschaftlich beobachtende Genauigkeit eindrang. Doch nicht alle Tierarten ließen sich fixieren und so genau beobachten, dass daraus exakte Erkenntnisse gewonnen werden konnten. So bemerkt der Kunsthistoriker Friedrich Weltzien, „dass es bis ins 19. Jahrhundert hinein nicht gelang, Mollusken wie Medusen, Polypen, Seeschnecken und weitere im Wasser lebende Weichtiere einheitlich zu klassifizieren"[8]. Die reiche Metaphorik, die sich um die Meeresweichtiere rankt, kreist nicht zuletzt um ihre Wandlungsfähigkeit. Dass sie auch biologisch mehrere Stadien durchlaufen, verbindet sie mit den Insekten, die erst Larven sind, bevor sie aus der Puppe schlüpfen. Dass sich Insekten im Laufe ihrer Entwicklung verwandeln, hat auch zu Horrorvorstellungen von der Verwandlung von Menschen in Insekten inspiriert, etwa in Franz Kafkas berühmter Erzählung *Die Verwandlung* (1915). Dass Gregor Samsa hier eines Morgens als Käfer aufwacht, ist auch eine Metapher dafür, dass man sich als Mensch fremd wird. Die Angst, ein Insekt zu werden, prägt auch den 1958 gedrehten amerikanischen Horrorfilm *Die Fliege* (Regie: Kurt Neumann; Remake 1986 von David Cronenberg). Der Versuch eines Wissenschaftlers, den eigenen Körper zu ‚teleportieren', führt zur Katastrophe, weil sich in der dazu nötigen Apparatur eine Fliege befindet und beide Körper sich bei der Neuzusammensetzung vermischen. Die Ängste vor Insekten verkörpern sich auch in beunruhigenden Vermehrungen, wie den schon in der Bibel beschriebenen Heuschreckenplagen. Andererseits bewundern wir die Komplexität von Ameisen- oder Bienenstaaten und nehmen diese als Vorbild für die Organisation großer gesellschaft-

to this view of the world, there would also be no difference between the animals to whom we attribute "personalities,"[6] and those that do not arouse as many projections of human emotions.

Observing animals, plants, and nature as a whole autonomously and not from the perspective of humans and their emotional worlds, is an approach that haunts today's debates over speculative realism. The basic idea, however, is not new: even though the reference applies more to plants and weather phenomena than to animals, the English art critic John Ruskin criticized the human tendency to project emotions onto nature in the mid-nineteenth century, calling it a "pathetic fallacy."[7] The antithetical model he admired was the way that his favorite painter, William Turner, in his opinion did justice to nature from an objective stance.

In old seventeenth-century engravings by Albert Flamen and Wenzel Hollar we see stranded fish, whales, or insects of various kinds. It is exciting to witness how precise scientific observations gradually begin to infiltrate freely imagined depictions of the animal world. Still, not every species of animal could be captured and observed closely enough to be able to gain exact knowledge about them. Thus, for example, the art historian Friedrich Weltzien remarked "that well into the nineteenth century no one had succeeded in coherently classifying molluscs such as jellyfish, polyps, sea snails, and other invertebrates living in the water."[8] The wealth of metaphors surrounding ocean-dwelling invertebrates also deals with their ability to transform. The fact that they go through several biological stages links them to the insects that begin as larvae and then later shed their pupae. The fact that insects change over the course of their development has also inspired terrifying notions of humans changing into insects, as occurs in Franz Kafka's famous short story, *The Metamorphosis* (1915). The fact that Gregor Samsa wakes up one morning to find that he has become a bug is also a metaphor for the notion that humans are foreign even to themselves. The fear of becoming an insect also shapes the 1958 American horror movie *The Fly* (directed by Kurt Neumann; remade in 1986 by David Cronenberg). A scientists attempt to "teleport" his own body ends in a disaster, because a fly is inside the teleportation machine and both bodies are combined in the reassembly. Fear of insects is also embodied in the unsettling swarms described in literature, such as the plague of locusts in the Bible. On other hand, we admire the complexity of ant or bee kingdoms, and use them as models for the organization of large social contexts. "Ants and bees are much older than human societies, and they will probably outlive us,"[9] writes Petra Lange-Berndt. Mark Dion, one of the artists whose work is seen in our exhibition, pointed out twenty years ago that insects form the overwhelming majority of animals on this planet: "So we don't actually live in the age of animals, but in the age of insects."[10]

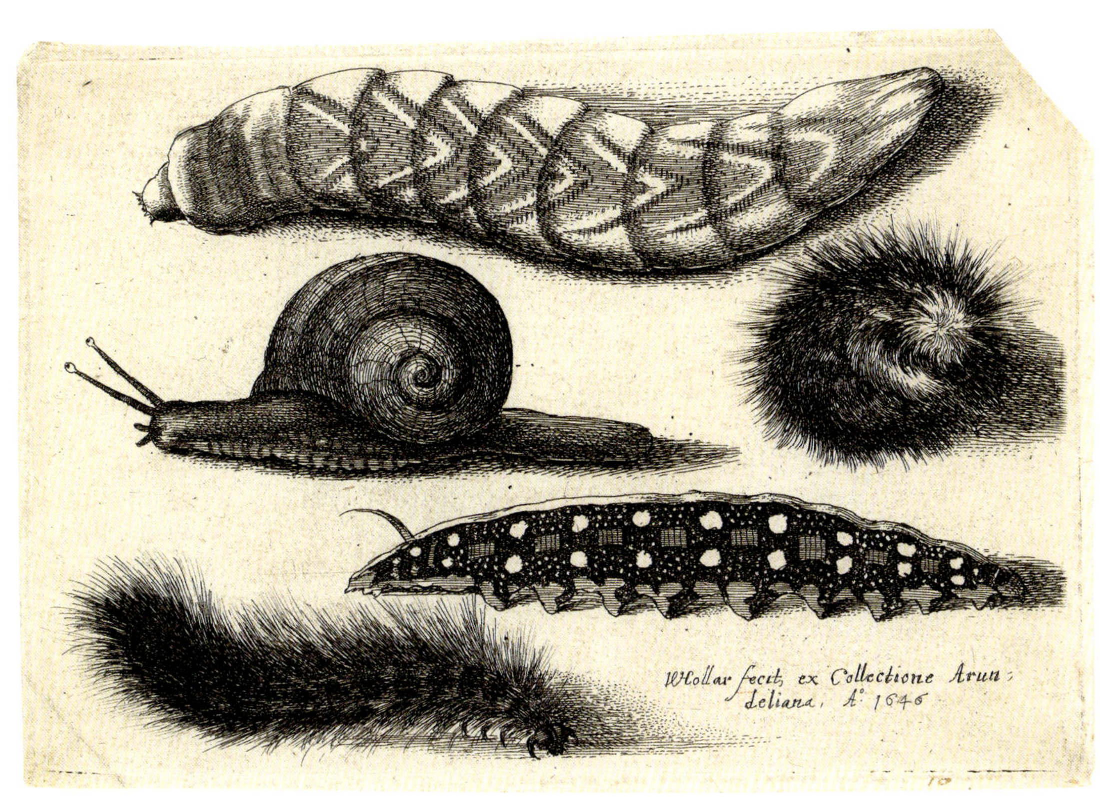

Wenzel Holler (1607–1677), *Schnecke und Raupen*, 1646
Radierung | **etching**, Aus einer Folge von 12 Radierungen nach kolorierten
Zeichnungen von Insekten aus der Sammlung des Earl of Arundel
**From a series of 12 etchings based on colored drawings of insects
from the collection of the Earl of Arundel**
Wallraf-Richartz-Museum & Fondation Corboud, Köln | **Cologne**,
Graphische Sammlung (Dieter Bongartz), Inv. 19905

licher Zusammenhänge. „Ameisen und Bienen sind weit älter als menschliche Gemeinschaften, und wahrscheinlich werden sie uns überleben"[9], schreibt Petra Lange-Berndt. Mark Dion, einer der Künstler unserer Ausstellung, wies schon vor zwanzig Jahren darauf hin, dass die Insekten die überwältigende Mehrheit der Tiere dieses Planeten bilden. „Es ist deshalb eigentlich nicht das Zeitalter der Tiere, in dem wir leben, sondern das Zeitalter der Insekten."[10]

Die Ausstellung *Lost Paradise* stellt das Zeitalter der Insekten – und auch anderer dem Menschen unähnlicher Tiere – im Spiegel der Gegenwartskunst vor. Urzeitliche Meerestiere leben bildnerisch oder skulptural wieder auf, Käfer verwandeln sich in Geldstücke oder die Existenz des Menschen in der heutigen Konsumgesellschaft erscheint wie die Verpuppung einer Raupe – jedenfalls nicht als irdisches Paradies.

Ludwig Seyfarth

The exhibition *Lost Paradise* presents the age of insects—and of other animals that do not resemble humans—in the mirror of contemporary art. Primeval ocean-dwelling creatures are revived in paintings or sculptures; beetles transform into coins, or human life in today's consumer society resembles the pupation of a caterpillar—and not, in any case, as an earthly paradise.

Ludwig Seyfarth

1 Siehe dazu: Giorgio Agamben, *Das Offene. Mensch und Tier*, Frankfurt/M. 2003, S. 29 f.

2 Jurgis Baltrušaitis, *Tierphysiognomik*, in: *Imaginäre Realitäten. Fiktion und Illusion als produktive Kraft* (Orig.: *Aberrations. Les Perspectives Dépraveés*), Köln 1984, S. 9-53, hier S. 9.

3 Jessica Ullrich, Friedrich Weltzien, Heike Fuhlbrügge (Hg.), *Ich, das Tier. Tiere als Persönlichkeiten in Kunst, Wissenschaft und Geschichte*, Berlin 2008, S. 12.

4 Interview mit Kia Vahland, Süddeutsche Zeitung, 08.06.2012, S. 1 (www.sueddeutsche.de/kultur/documenta-leiterin-carolyn-christov-bakargiev-ueber-die-politische-intention-der-erdbeere-1.1370514, zuletzt besucht: 08.12.2014).

5 Ebd., S. 2.

6 Dazu umfassend: *Ich, das Tier*, 2008.

7 Die zentrale Passage, in der Ruskin seine Kritik an der „pathetic fallacy" darlegt, siehe: E.T. Cook, Alexander Wedderburn (Hg.): *The Works of John Ruskin*, London 1903-1912, Band V, Modern Painters III, S. 205.

8 Friedrich Weltzien, *Mollusken-Ich. Tierwerden als Metapher und Methode*, in: *Ich, das Tier*, 2008, S. 145-162, hier S. 149.

9 Petra Lange-Berndt in: ebd., S. 143.

10 Zit. n.: ebd., S. 134.

1 For more on this, see: Giorgio Agamben, *The Open: Man and Animal*, Kevin Attel, transl., Stanford UP 2003.

2 Jurgis Baltrušaitis, *Tierphysiognomik*, in: *Imaginäre Realitäten. Fiktion und Illusion als produktive Kraft*, Cologne 1984, pp. 9-53, here, p. 9. Originally published as *Aberrations. Les Perspectives Dépraveés*, Flammarian Books, 1999; available in English as *Aberrations: An Essay on the Legend of Forms*, Richard Miller, transl., MIT Press, 1989.

3 Jessica Ullrich, Friedrich Weltzien, Heike Fuhlbrügge (eds.), *Ich, das Tier. Tiere als Persönlichkeiten in Kunst, Wissenschaft und Geschichte*, Berlin 2008, p. 12.

4 Interview with Kia Vahland, Süddeutsche Zeitung, June 8, 2012, p. 1 (http://www.sueddeutsche.de/kultur/documenta-leiterin-carolyn-christov-bakargiev-ueber-die-politische-intention-der-erdbeere-1.1370514). Last accessed on December 8, 2014.

5 Ibid., p. 2.

6 For more on this, see: *Ich, das Tier*, 2008, mentioned above.

7 For more on the central passage in which Ruskin lays out his critique of the "pathetic fallacy," see: E.T. Cook, Alexander Wedderburn (eds.): *The Works of John Ruskin*, London 1903-1912, vol. V, Modern Painters III, p. 205.

8 Friedrich Weltzien, *Mollusken-Ich. Tierwerden als Metapher und Methode*, in: *Ich, das Tier*, 2008, pp. 145-162, here, p. 149.

9 Petra Lange-Berndt, in: ibd., p. 143.

10 Quoted in: ibd., p. 134.

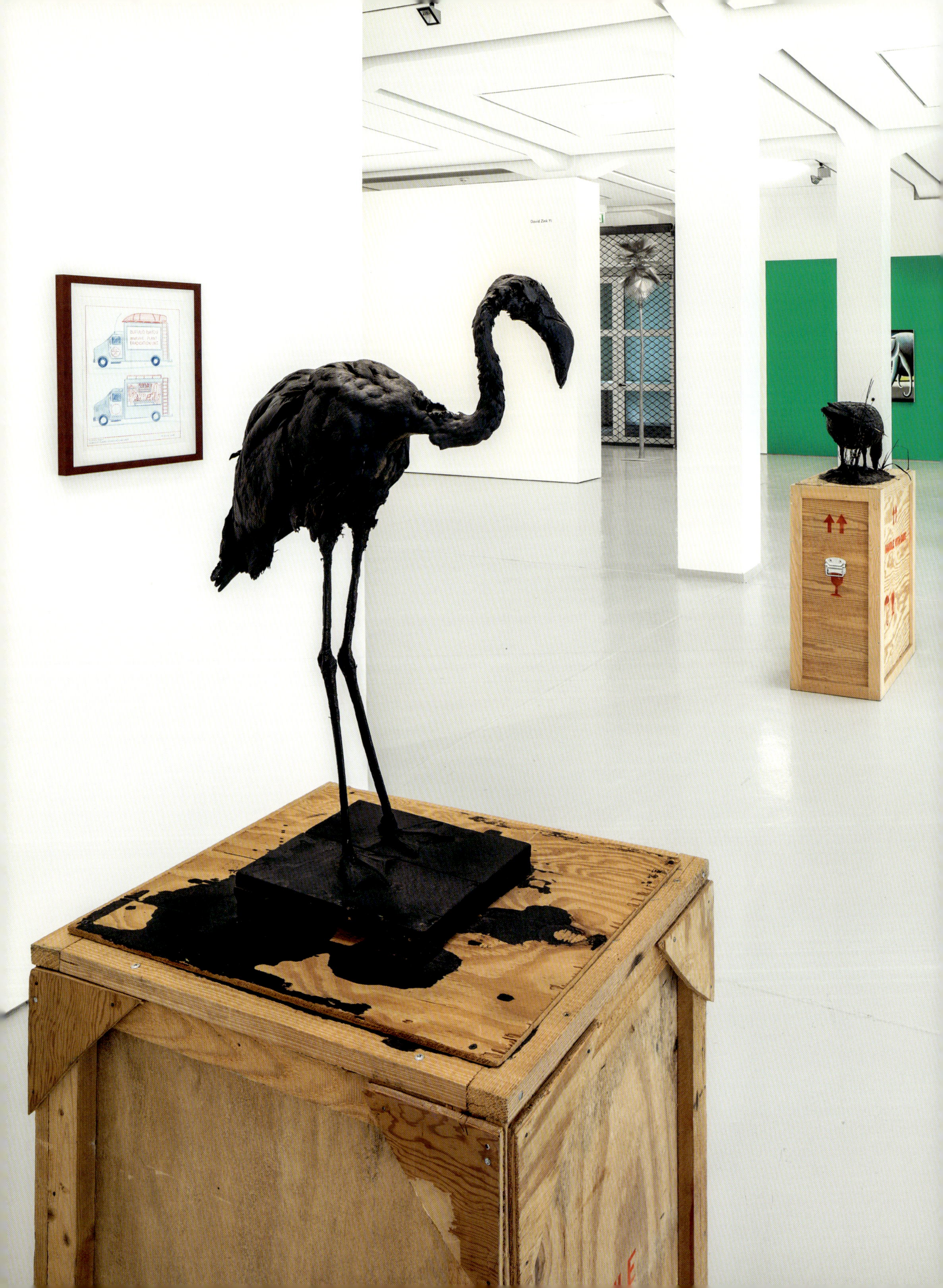

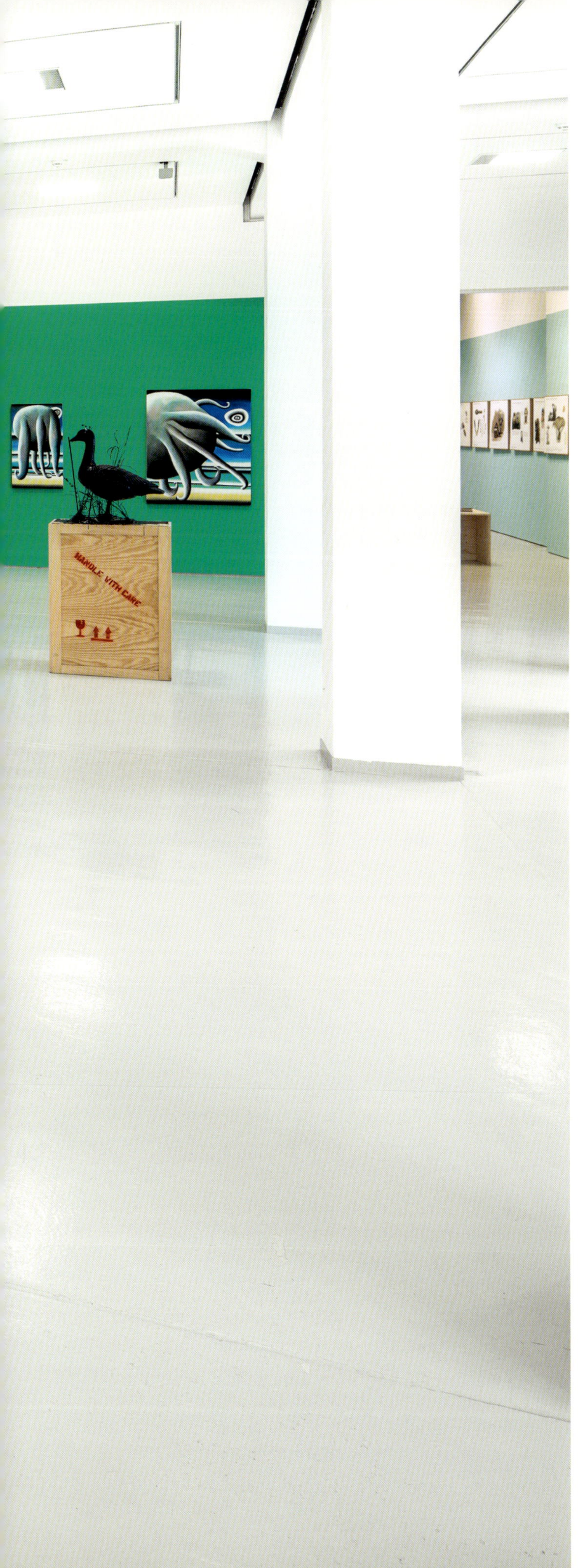

Mark Dion

Mark Dion – Zeitfenster Natur

In regloser Pose verharrt das Eichhörnchen. Die Vorderbeine in der Luft, die Schnauze in die Höhe gereckt als würde es etwas erschnüffeln wollen. Die Barthaare, das flauschige Fell – alles steht still. Kein Lüftchen weht im Ausstellungshaus. Das Eichhörnchen verharrt für immer.

The Collector (2014) von Mark Dion ist eines von zahlreichen präparierten Tieren, die der amerikanische Künstler und ehemalige Biologiestudent in seinen Werken präsentiert.

Seitdem Dion sich seit Anfang der 1990er-Jahre mit der Repräsentation von Natur bzw. den Ideen von Natur in naturhistorischen Museen und Wunderkammern auseinandersetzt, ist er selbst zum Sammler von ausgestopften Vögeln und Nasspräparaten geworden. Dabei betätigt Dion sich nicht selbst als Taxidermist und lehnt auch im Einklang mit seinem Interesse an ökologischen Fragestellungen seit den 1980er-Jahren jeden gewaltvollen Zugriff auf Tiere ab.

Wenn Dion in Projekten wie *Observations of the Neotropical Vertebrates* (1992) in die Rolle eines reisenden Naturforschers schlüpft, tut er das in kritischer Reflexion über dessen zu Kolonialzeiten üblichen Habitus, sich Natur anzueignen und präparierte Tiere als Trophäen mit nach Hause zu nehmen, sowie auf Basis tatsächlicher, im Austausch mit Spezialisten getätigter Forschungsarbeit. Sein Vorgehen ist entsprechend eine Nachahmung mit Bruchstelle. Dion faxte aus dem brasilianischen Urwald eine Liste dort von ihm identifizierter Vögel an das Naturkundemuseum in Fribourg. Die Mitarbeiter entnahmen dem Depot die entsprechenden ausgestopften Tiere und platzierten sie in Vitrinen für die vom Centre d'Art Contemporain initiierte Ausstellung. Die aktionale Gegenüberstellung von der Beobachtung lebendiger Wesen im Freiraum und der Betrachtung von Tieren in ‚Leichenstarre' im Museumsraum verdeutlicht „die Unmöglichkeit, das vielfältige und chaotische Leben des Regenwaldes über die Präsentation streng geordneter Tierkadaver wiederzugeben, sie entzieht der Sammel- und Präparationspraxis der historischen Naturforscher ihre zentrale Legitimation."[1] Zugleich reflektiert Dion mit der Arbeit die Bedeutung von präparierten Tieren in der zeitgenössischen Kunst. Anders als in Tierdarstellungen oder herkömmlichen Objets trouvés leihen hier schließlich ehemals lebendige Wesen Material und Gestalt. Hinterfragt wird somit auch der lange Zeit gültige Status des Tieres als bloßes Ding.

Die kritische Sichtweise auf die Verwendung des Tierkörpers als ‚Artefakt' mag sich erst unter der Voraussetzung einer Tren-

Mark Dion – Seeing Nature Through the Window of Time

The squirrel is frozen in place. Its front paw in the air, its nose lifted as if it to sniff something. The whiskers, the fluffy fur—everything holds steady. Not a single breath of air wafts through the exhibition space. The squirrel is frozen forever.

The Collector (2014) is one of the many art works by American artist and former biology student Mark Dion that feature taxidermy pieces.

Ever since Dion began exploring the representation of nature, or the ideas of nature found in natural history museums and chambers of curiosities in the early 1990s, he himself has become a collector of stuffed birds and animals preserved in fluids. However, Dion himself is not a taxidermist, and, in accordance with his long-standing interest in ecological issues, he rejects violence toward animals.

When Dion takes on the role of a traveling natural scientist for projects such as *Observations of the Neotropical Vertebrates* (1992), he includes critical reflections about the colonial-era habit of appropriating nature and bringing home stuffed animals as trophies. At the same time, he also engages in actual research, working with specialists in a variety of fields. His process corresponds to the simulation of a disruption. From the Brazilian jungle, Dion faxed a list of the birds he identified there to the museum of natural history in Fribourg. There, employees took the corresponding taxidermy mounts out of the museum's depository and put them in display cases for an exhibition initiated by the Centre d'Art Contemporain. By contrasting the observation of living creatures in the wild with the process of viewing animals in a kind of "rigor mortis," Dion sheds light on the "impossibility of reproducing the diverse, chaotic life of the rain forest through the presentation of strictly ordered animal corpses; it destroys the legitimacy of the collecting and taxidermy practiced by natural historians."[1] At the same time, Dion's work reflects upon the meaning of taxidermy in contemporary art. After all, unlike depictions of animals or common objets trouvés, formerly living creatures provide the materials and forms here. This also questions the long-valid status of the animal as a mere thing.

A critical point of view toward the usage of animal corpses as "artifacts" may have initially developed under the assumption that nature and art are separate. No distinction was made between the two in the Mannerist- and Baroque-era chambers of curiosities and of art; creation as a whole was admired. Over the course of the nineteenth century, however, nature and

nung von Natur und Kunst entwickelt haben. In den manieristisch-barocken Kunst- und Wunderkammern bewunderte man ohne Unterschied die Ganzheitlichkeit der Schöpfung. Erst im Laufe des 19. Jahrhunderts wurden Natur und Kunst unterschieden und museal getrennt. Kunstmuseen beschränkten sich auf die Darstellung von Tieren, Tierkörper wanderten in die Naturkundemuseen. Wenn Künstler wie Rose Finn-Kelcey, Annette Messager und Mark Dion seit Ende des 20. Jahrhunderts vermehrt auf präparierte Tiere zugreifen und dem Tier gewidmete Ausstellungen zunehmen, geht es weniger um Stil- als um Gewissensfragen.

In den letzten Jahren lässt sich an verschiedenen Stellen eine wachsende Sensibilisierung des Menschen gegenüber seiner Umwelt und die Bereitschaft zu einem verantwortungsvolleren Umgang mit Tieren beobachten. ‚Sharing is Caring'-Initiativen, Bio-Produkte und vegane Kost sind dafür alltägliche Beispiele. In naturwissenschaftlichen Forschungen bemüht man sich um tiergerechte Testverfahren, die prompt Tieren eine bisher unterschätzte Intelligenz nachweisen. Neben den ‚Human-Animal Studies' gibt es kunstwissenschaftliche Projekte und Ausstellungen wie die *dOCUMENTA (13)*, die die Perspektive des Tieres berücksichtigen möchten. Bei all diesen Entwicklungen erinnern die Werke von Mark Dion daran, dass auch dieser Teil der Geschichte nur eine Episode ist und die Menschen die Natur bereits nachhaltig verändert haben. „So platziere ich die Tiere lieber auf einer Müllhalde, als sie in einer zeitlosen Vorstellung vom Garten Eden aufzustellen."[2] Sein präpariertes Eichhörnchen sitzt auf einem durch Teer zusammengehaltenen Hügel aus menschlichem Unrat wie Plastikschmuck, Zigarettenstummeln und Kleingeld. Das Eichhörnchen wird zum Müllsammler. Die biologisch nicht abbaubaren Produkte des Menschen verleihen der Natur notgedrungen ein neues Aussehen. Krähen bauen ihre Nester aus Kleiderbügeln, Wale krepieren an verschluckten Plastiktüten. Das Zusammenspiel von Natur und Kultur kann zu neuen Formen wieder jenseits dieser Trennung führen; da wo es tödlich endet, tritt das Verhältnis als kontrastreiches umso deutlicher hervor.

Dions Arbeiten verweisen auf beide Spielarten. Der Künstler proklamiert nicht einen zu bewahrenden paradiesischen Urzustand, sondern zeigt den Menschen und seine Interventionen als Teil der ‚natürlichen Entwicklung', deren destruktive Störstellen es allerdings offenzulegen gilt. Um herauszufinden, wo das Missverhältnis zwischen Mensch und Natur begann, setzt Dion sich mit „Institutionen, die die ‚Wahrheit' über Natur produzieren" auseinander. Wenn Museen nicht verändert würden, so Dion, wären ihre Ausstellungen „ein Fenster in die Vergangenheit – eine Zeitmaschine" und man könnte die sich wandelnden Zustände und Ideen von Natur nachvollziehen.[3]

Mit *The Tar Museum* von 2006 zeigt der Künstler ein erschreckendes Bild der aktuellen Umwelt. Von Teer überzogene

art were gradually divided, and split into different types of museums. Art museums limited themselves to depictions of animals; the bodies of the animals themselves found their way into natural history museums. Since the late twentieth century, artists such as Rose Finn-Kelcey, Annette Messager, and Mark Dion have increasingly made use of taxidermy mounts and exhibitions devoted to animals that are more concerned with matters of conscience rather than of style.

An increasing sensitivity on the part of human beings toward their environment, and a readiness to deal more responsibly with animals has been observed in recent years, in a wide variety of places. "Sharing is Caring" initiatives, organic products, and vegan food are everyday examples of this. Natural science is attempting to engage in more animal-friendly research and experiments, which have promptly proved that animals are more intelligent than was previously thought. Besides the human/animal studies, art historical projects and exhibitions such as the *dOCUMENTA (13)* try to take the animal perspective into consideration. Despite all of these developments, Mark Dion's works remind us that even this period of history is only a single episode, and that humans have already made lasting changes to nature: "So I prefer placing the animals on a landfill, rather than set them up in a timeless, imaginary Garden of Eden."[2] His stuffed squirrel sits on a hill made of human refuse, such as plastic jewelry, cigarette butts, and small change, all held together by tar. The squirrel becomes a trash collector. Inevitably, the manmade, non-biodegradable products force nature to manifest differently. Crows build their nests out of clothes hangers; whales choke to death on plastic bags. Beyond their division, the interplay of nature and culture can again lead to new forms; where it ends in death, the contrasts in this relationship become even more obvious.

Dion's works of art refer to both varieties. The artist does not proclaim an original, paradisiac state that must be preserved; rather, he shows humans and their interventions as part of the "natural development," whose destructive faults need to be exposed. In order to find out where the imbalance between humankind and nature began, Dion deals with "institutions that produce the 'truth' about nature." According to Dion, if museums would not change, their exhibitions would become "a window on the past—a time machine," and one could reconstruct the changing conditions of nature, as well as the ideas about it.[3]

In *The Tar Museum* (2006) the artist shows a shocking picture of the environment today. Birds, lizards, and a *mammal* (2006) covered in tar recall the many catastrophic oil spills of the past. As early as 1989 one of the artist's texts referred to oil pollution in a bay in Alaska.[4] In 1990 he began his series of *Tar and Feather* works. "These works are complex and unequivocal. Their aim is to shock, because they depict an extremely

Vögel, Echsen und ein ‚Säugetier' (*mammal*, 2006) erinnern an zahlreiche vergangene Ölkatastrophen. Bereits 1989 wies der Künstler in einem Text auf die Verschmutzung durch Öl in der Bucht von Alaska hin.[4] 1990 begann er mit seinen *Tar and Feather*-Arbeiten. „Diese Arbeiten sind komplex und eindeutig. Sie zielen darauf ab zu schockieren, da sie eine äußerst inhumane Behandlung von Tieren darstellen", erläutert Dion. „Ich versuche das soziale Verhalten mit den oft nicht anerkannten Folgen zu verknüpfen."[5] In *Tar and Feather* sind an Bäumen erhängte Tiere mit Teer und Federn überzogen. Teeren und Federn ist eine ab der Antike bekannte öffentliche Misshandlung angeblicher Verbrecher, die damit als ‚vogelfrei' kenntlich gemacht wurden. Die Tiere, so könnte man Dions Arbeit interpretieren, sind dazu verurteilt, Opfer menschlichen Handelns zu sein. Die sich im Zuge der Urbanisierung ausbreitende Asphaltierung und Zerstörung des Lebensraums, auch dafür steht Teer. „Wenn man sich vorstellt, wie Joseph Beuys Fett als ein Material mit großem Energie- und Aktionspotential verwendete, so sehe ich Teer als das Gegenteil, ein Material, das erstickt, das Energie wegnimmt, Potentiale bindet. Es ist so wie all der Asphalt über der Wiese, der Leben unterdrückt, Wachstum für immer zurückhält"[6], erklärt Dion. Die Befürchtung, die dunkle Masse könnte bald den ganzen Erdball überziehen, wie sie in Raffael Rheinbergs Objekt *Von der Eiszeit zur Teerzeit* (1977) bildlich wird, ist in Form von Ölteppichen auf unseren Ozeanen annäherungsweise real geworden. Dions *The Tar Museum* besteht aus von Teer überzogenen, präparierten Tieren und Taxidermieformen auf künstlichen Landschaftsabschnitten, die Momentaufnahmen partiellen Lebensraums spiegeln. Die Tiere befinden sich auf Transportboxen, beschriftet mit Adressen verschiedener Museen, unter anderem der des „Teer Museums" in der Schleifmühlgasse 5 in Wien. Wie so häufig in Dions Arbeiten verschränken sich hier die Ebenen von Kunst, praktischer Realität und reflektorischem Bezugssystem. Sind seine Zeichnungen zugleich Kunstwerke und Entwurfsskizzen im Stile technischer Zeichnungen aus dem 19. und 20. Jahrhundert, so sind die Boxen des *Tar Museums* zugleich Sockel, reale Transportboxen (in Wien wurde Dions *The Tar Museum* 2006 ausgestellt) und Verweis auf das Verschicken von Naturdingen aus aller Welt, auch im Rahmen kolonialer Ausbeute. Die Durchdringung findet ihren Höhepunkt in den Tieren, die in der schwarzen Masse einerseits ganz als Skulptur wirken, anderseits wie direkt der verschmutzten Küste entnommen. Gemäß Dions Überlegungen zeigt sein *The Tar Museum* folgenden Generationen die Natur in ihrem jetzigen Antlitz. Idealerweise dient es heute als Anstoß, diesen Anblick nicht zur Gewohnheit werden zu lassen.

Cora Waschke

inhumane treatment of animals," explains Dion. "I try to connect social behavior with the often unacknowledged consequences."[5] As the title suggests, *Tar and Feather* contains animals covered in tar and feathers, hanging from trees. Tarring and feathering, which dates from antiquity, is a well-known method of publically abusing supposed criminals, who are declared outlawed in this way. In one possible interpretation of Dion's work, animals are doomed to be victims of human activities. Tar also represents the spread of asphalt surfaces and the destruction of natural habitats in the wake of urbanization. "Imagine how Joseph Beuys used fat as a material with great potential for energy and action; I see tar as the opposite—a material that suffocates, that takes away energy, ties up potential. It's like all of the asphalt on top of meadows, suppressing life, stifling growth forever,"[6] Dion explains. The fear that this dark mass could soon cover the entire globe, as it does in Raffael Rheinberg's object, *Von der Eiszeit zur Teerzeit* (*From the ice age to the tar age*, 1977), is approaching reality, in the form of oil slicks on our oceans. Dion's *The Tar Museum* consists of taxidermy animals and molds covered in tar and placed on sections of artificial landscape, reflecting snapshots of partial habitats. The animals are placed in transportation crates addressed to various museums, including the "Tar Museum" at Schleifmühlgasse 5 in Vienna. As is so often the case with Dion's pieces, he combines levels of art, practical reality, and reflecting systems of reference. Just as his drawings are both works of art and preliminary sketches styled after technical drawings from the nineteenth and twentieth centuries, the boxes in *The Tar Museum* are also pedestals, actual transportation crates (Dion's *The Tar Museum* was exhibited in Vienna in 2006), as well as a reference to the transportation of natural things from all the world, which is also part of colonial exploitation. This pervasiveness peaks with the animals covered in the tarry mass, so that they look entirely like sculptures on one hand, and on the other, as if they had been taken directly from polluted coasts. According to Dion's concept, *The Tar Museum* will show ensuing generations the present-day mien of nature. Ideally, today, it serves as a kind of offense that we do not want to get used to seeing.

Cora Waschke

1 Petra Lange-Berndt: *Animal Art. Präparierte Tier in der Kunst 1850 – 2000*, München 2000, S.160.

2 Mark Dion: *Wissenschaftler haben kein Monopol an der Vorstellung von Natur. Ein Gespräch von Dieter Buchhart*, in: Kunstforum International, Band 199, 2009, S.248.

3 Mark Dion: *Meine Werke sind nicht über Natur, sondern über die Idee von Natur, ein Gespräch von Dieter Buchhart*, in: Kunstforum International, Band 157, 2001, S.184.

4 Vgl. Mark Dion: *Polar Bears and Tucans*, in: Ausst.Kat. *Le Magasin L'Ècole L'Exposition*, Grenoble 1989, S.12.

5 Mark Dion: *Wissenschaftler haben kein Monopol an der Vorstellung von Natur*, S.248.

6 Ebd.

1 Petra Lange-Berndt, *Animal Art. Präparierte Tier in der Kunst 1850 – 2000*, Munich 2000, p.160.

2 Mark Dion: *Wissenschaftler haben kein Monopol an der Vorstellung von Natur. Ein Gespräch von Dieter Buchhart*, in: Kunstforum International, vol. 199, 2009, p.248.

3 Mark Dion: *Meine Werke sind nicht über Natur, sondern über die Idee von Natur, ein Gespräch von Dieter Buchhart*, in: Kunstforum International, Band 157, 2001, p.184.

4 See Mark Dion, *Polar Bears and Tucans*, in: *Le Magasin L'Ècole L'Exposition*, exh. cat., Grenoble 1989, p.12.

5 Mark Dion, 2009, p.248.

6 Ibid.

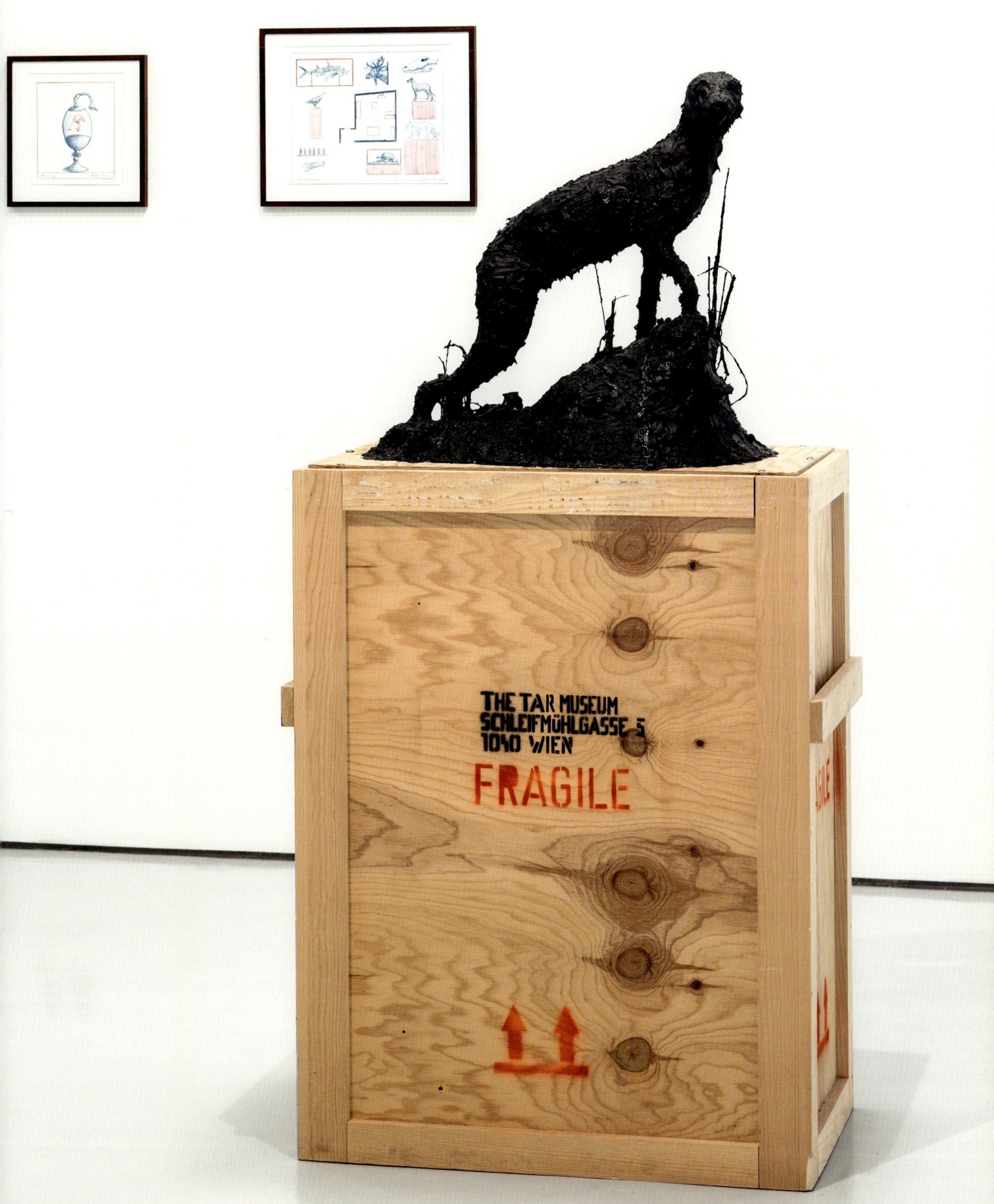

THE TAR MUSEUM
SCHLEIFMÜHLGASSE 5
1040 WIEN
FRAGILE

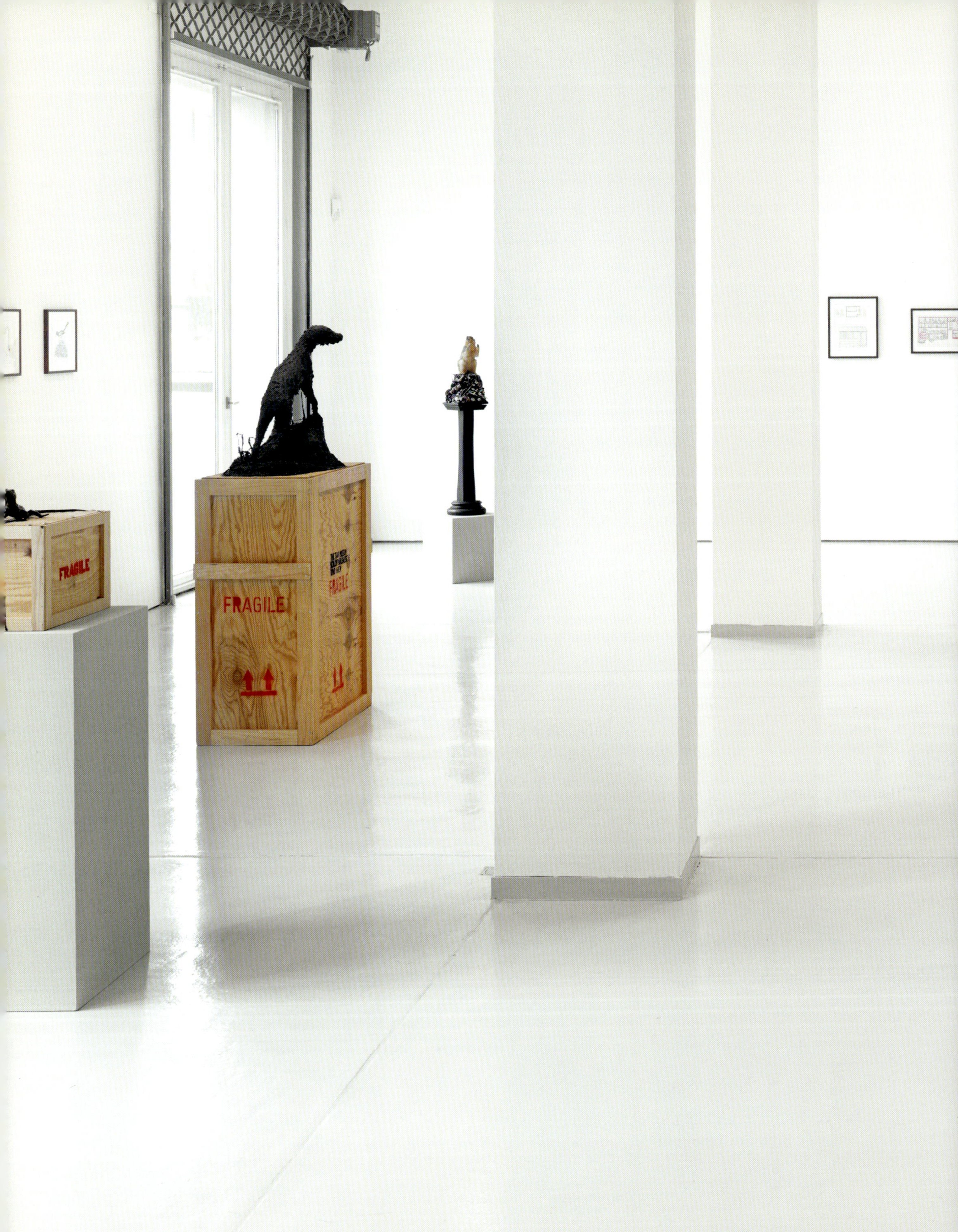

  Mark Dion, Installationsansicht | **installation view** KAI 10

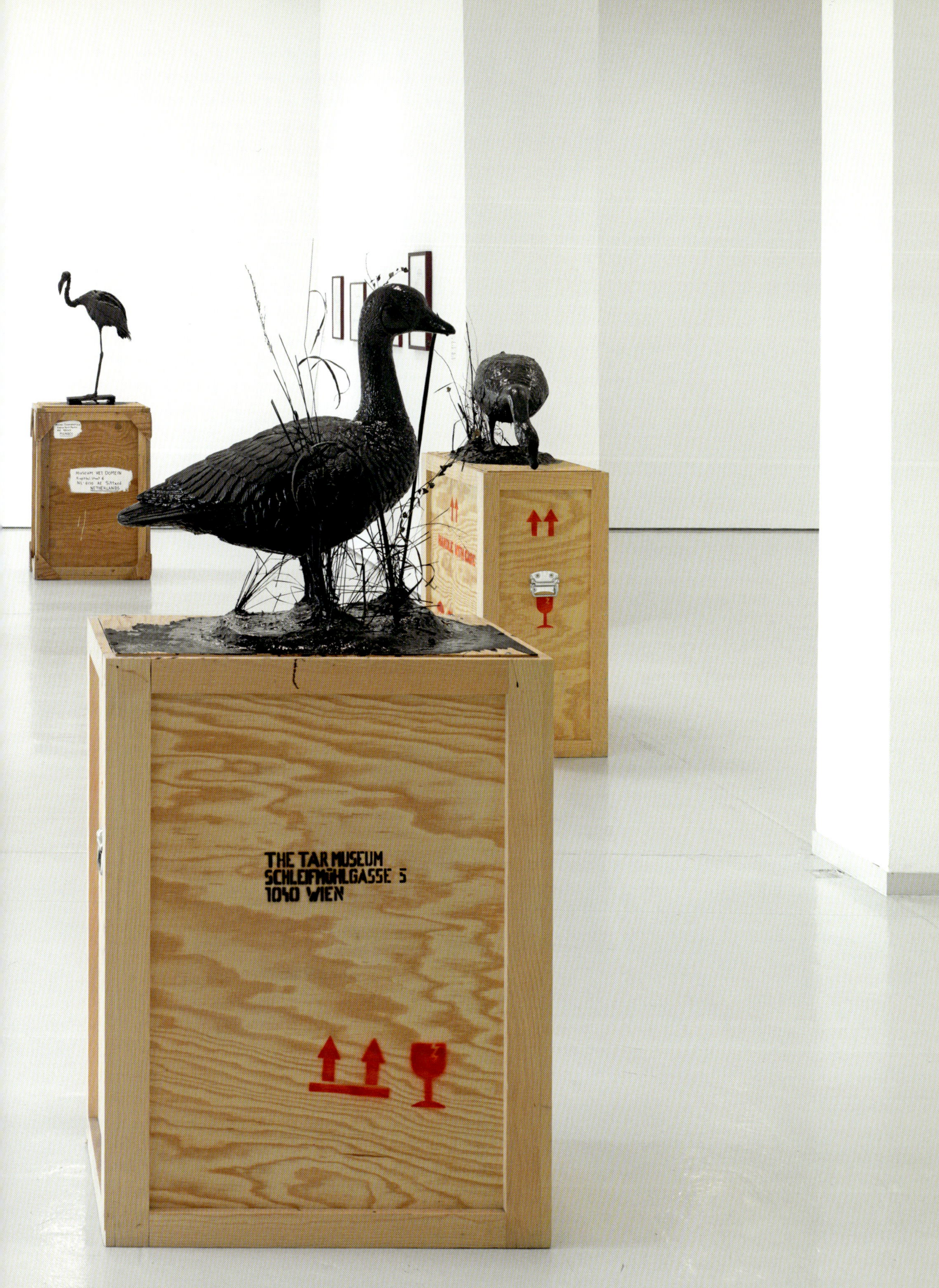
THE TAR MUSEUM
SCHLEIFMÜHLGASSE 5
1040 WIEN
HANDLE WITH CARE

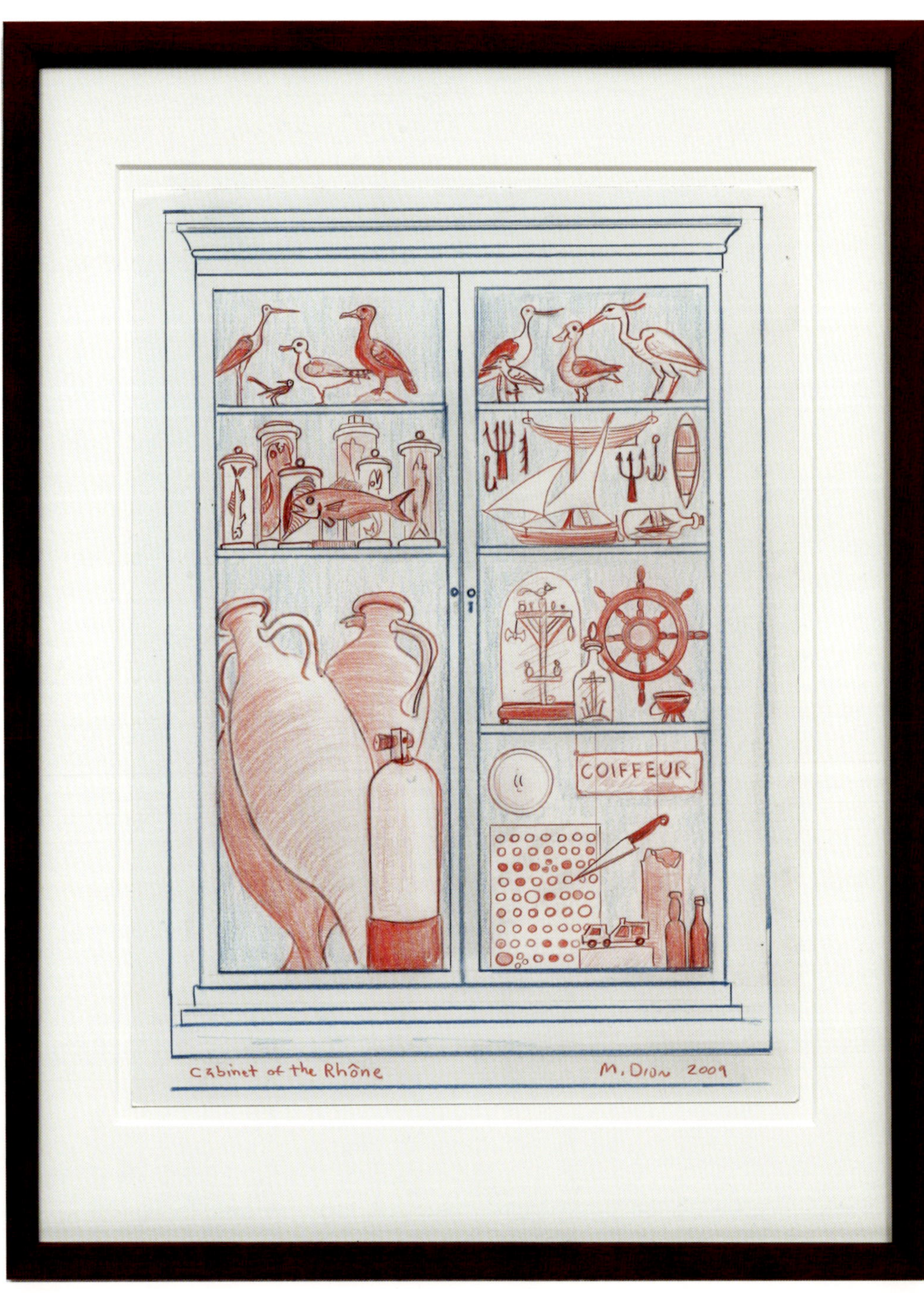

Mark Dion, *Cabinet of the Rhône*, 2009

 Gegenüber I **opposite:** Mark Dion, Installationsansicht I **installation view KAI 10**

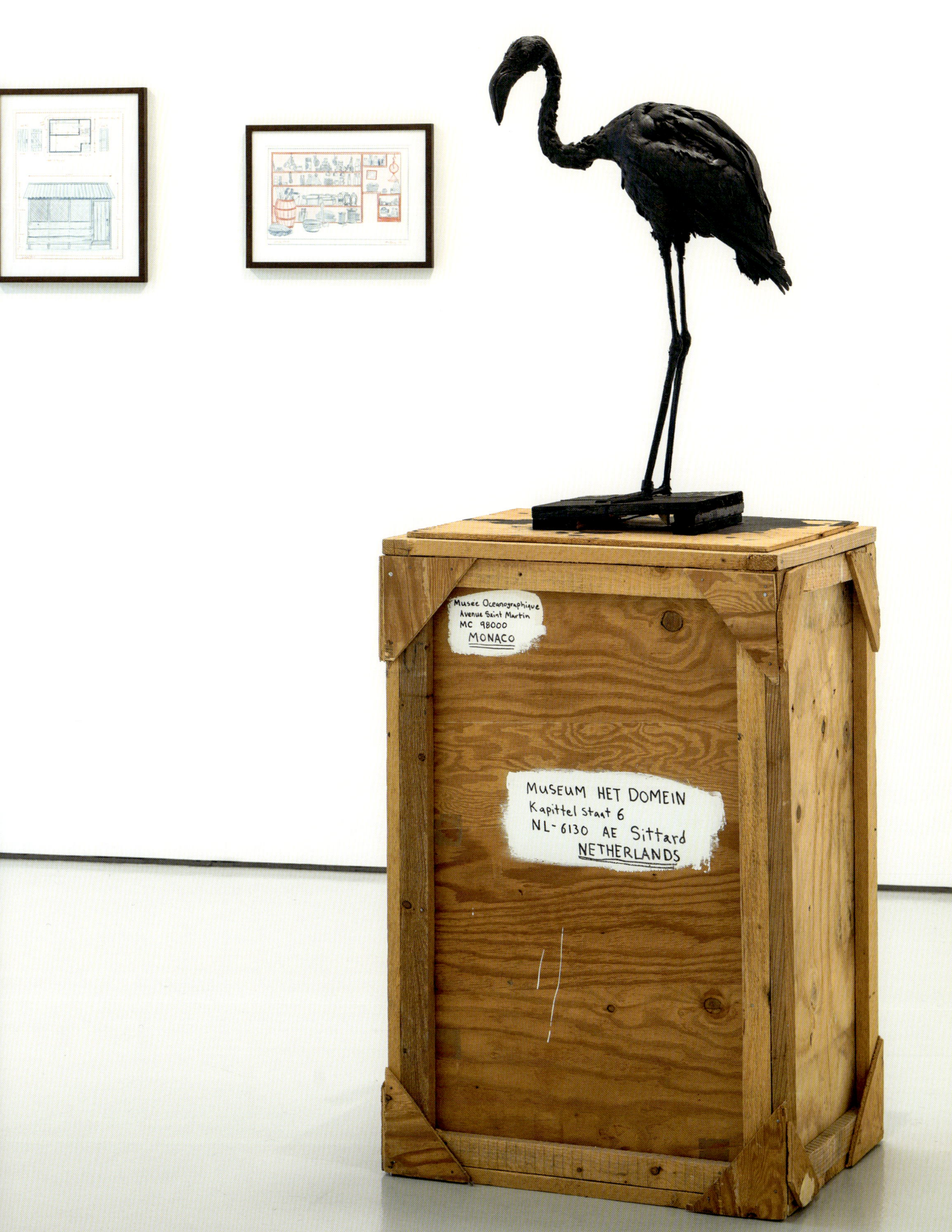
Musee Oceanographique
Avenue Saint Martin
MC 98000
MONACO

MUSEUM HET DOMEIN
Kapittel staat 6
NL-6130 AE Sittard
NETHERLANDS

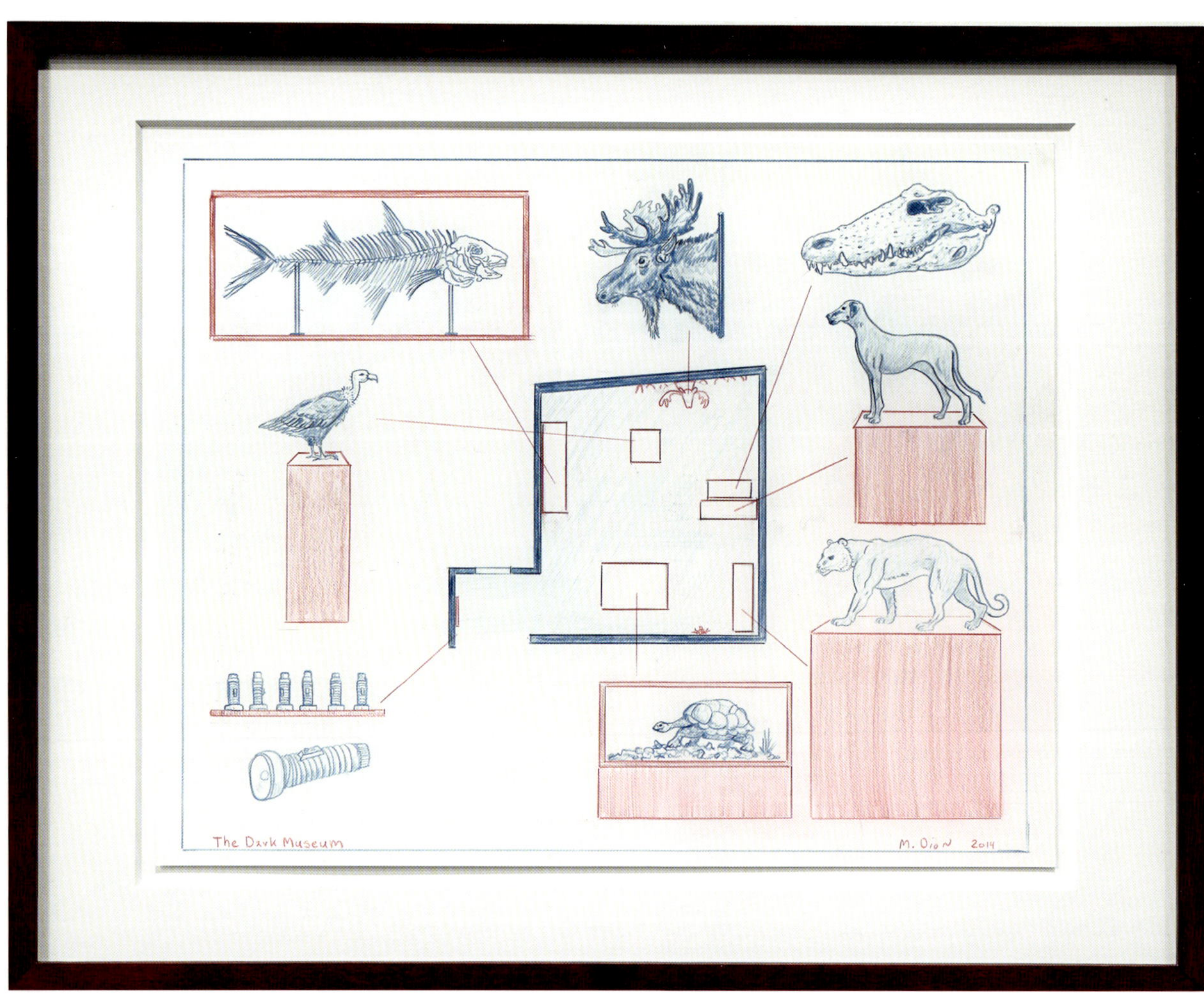

Mark Dion, *The Dark Museum*, 2014

 Gegenüber I **opposite:** Mark Dion, Installationsansicht I **installation view** KAI 10

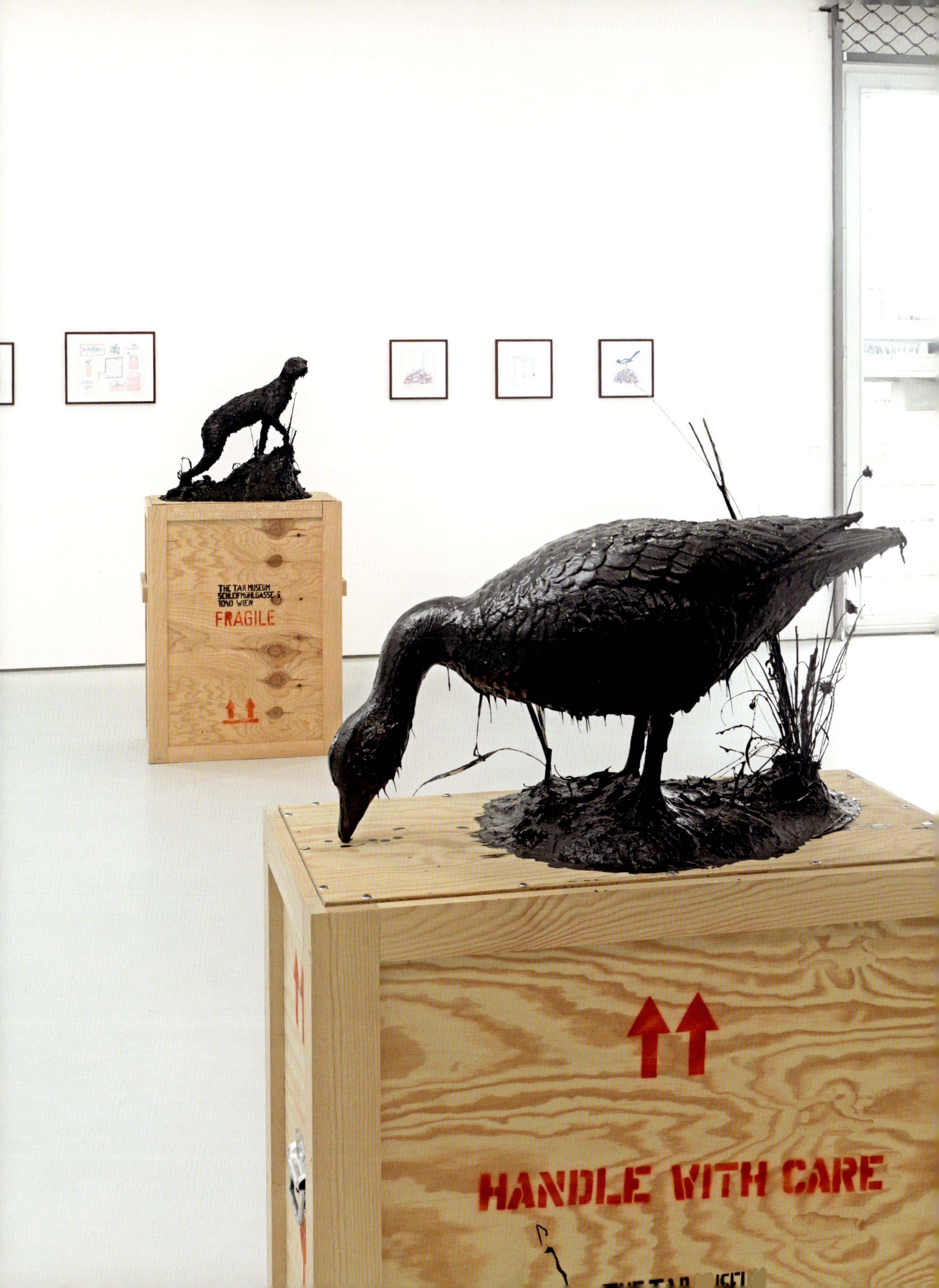
THE TAR MUSEUM
SCHLEIFMÜHLGASSE 5
1040 WIEN
FRAGILE
HANDLE WITH CARE

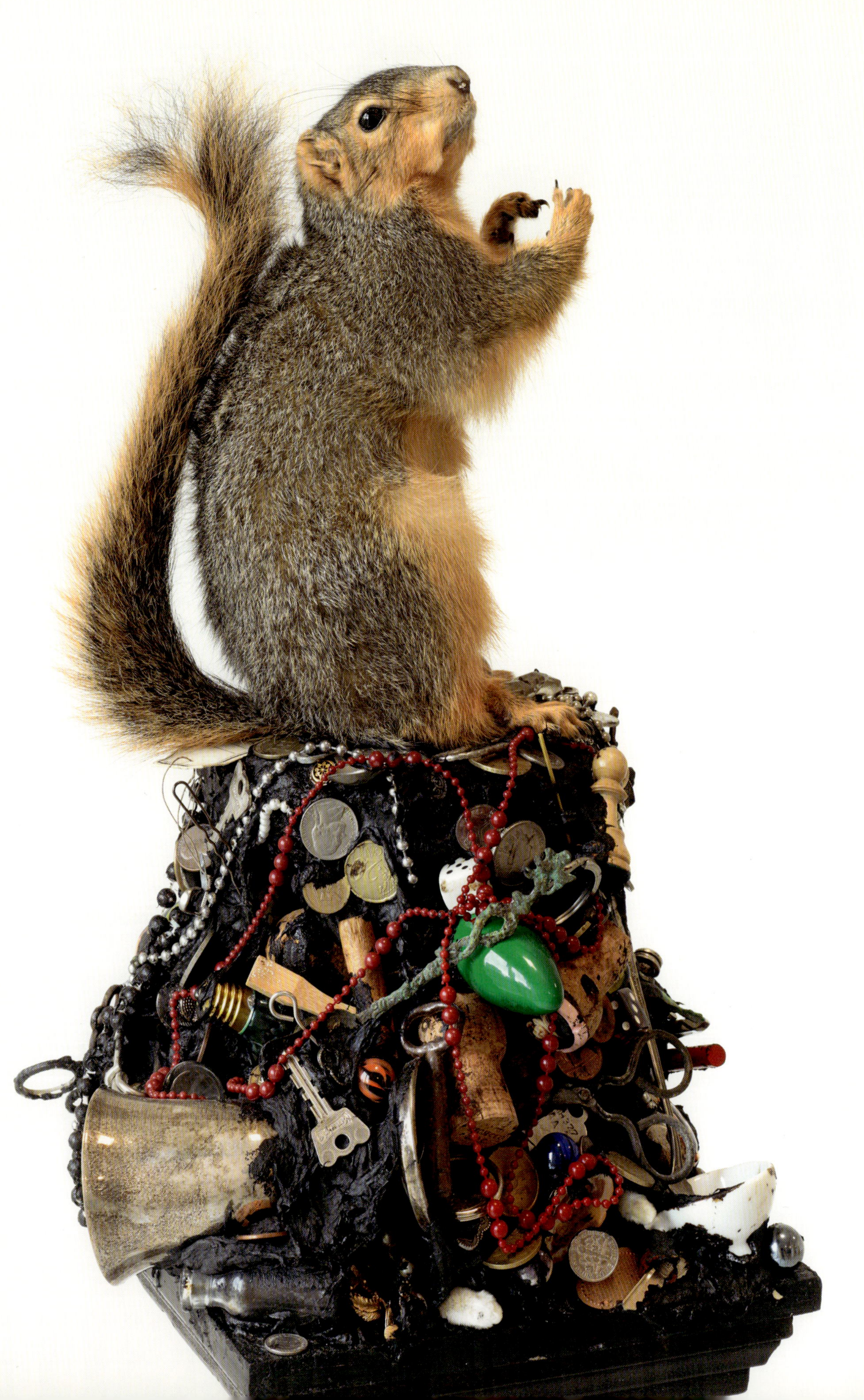

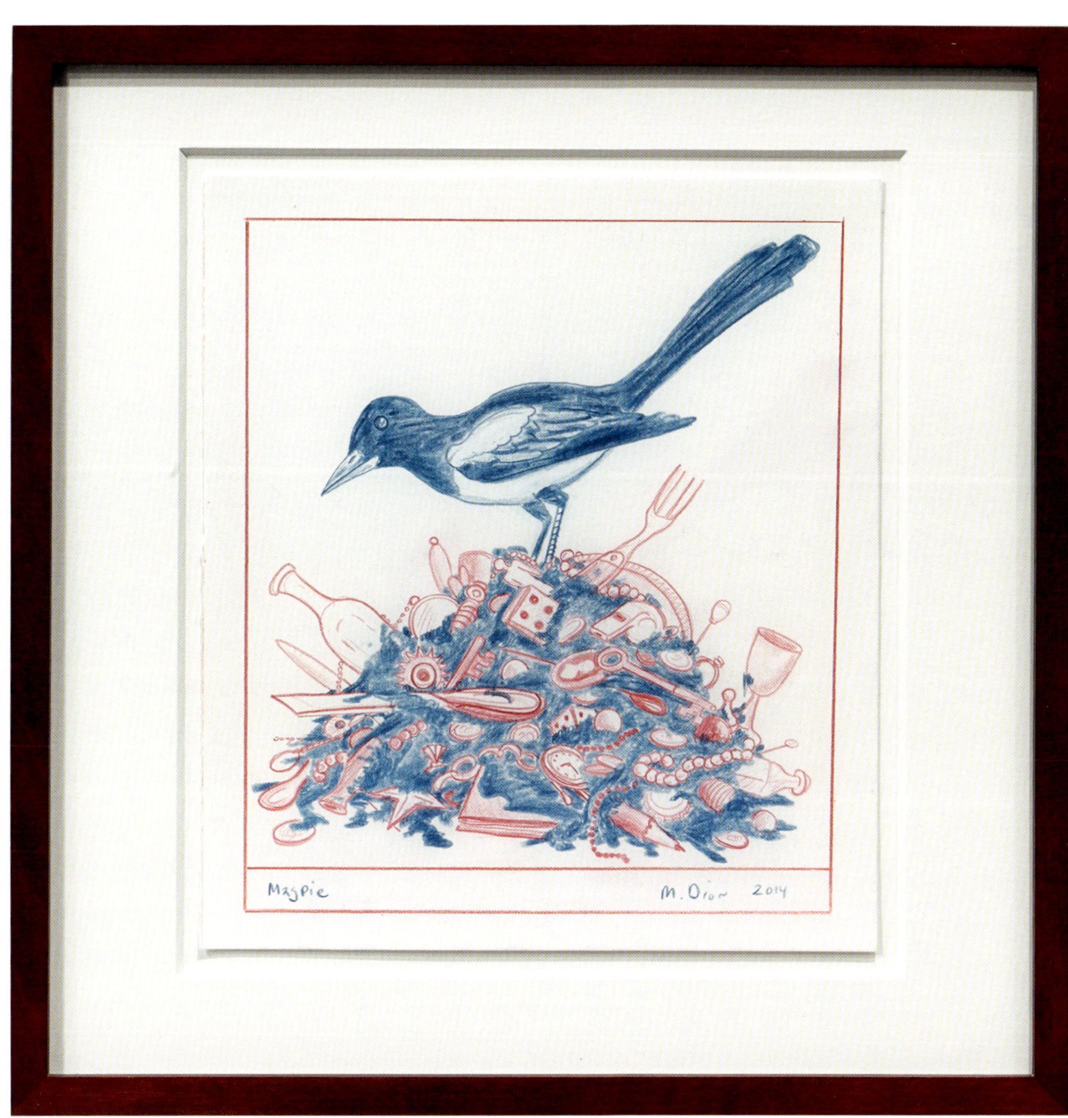

Mark Dion, *Magpie*, 2014

Stefan
Panhans

Lost in Reflexion – Über Stefan Panhans' *If A Store Clerk Gave Me too Much Change*

Das Vogelgezwitscher und Grillenzirpen erstirbt. ‚Es' erwacht, zischt, raunt, säuselt und brüllt unzusammenhängende Textfetzen bis der ‚organische Mechanismus' zum Erliegen kommt. Zirpen und Zwitschern erklingt. Das Einpersonenstück ist zu Ende – und beginnt erneut.

Die Kamera ist dabei frontal und starr auf den ‚Bühnenraum' gerichtet. In dessen Mitte, auf einem Sockel aus Strohballen und blauer Isomatte, liegt jemand in einem roten Mumienschlafsack. Die wechselvolle Stimme, die Umhüllung aus Schlafsack, blonder Perücke und dem in ‚Kiss'-Manier schwarz-weiß geschminkten Gesicht verhindern, dieses Wesen als ein bestimmtes Subjekt zu identifizieren. Der sarkophagähnliche Aufbau eines modernen Outdoor-Survival-Lagers inklusive Campingkocher, Weißbrötchen und Smoothi – schnell zu konsumierende Wohlfühlnahrung der Großstadt – befindet sich in einem Raum, der an eine Garage erinnert. Ein Durchgangsort also, nur notdürftig mit Wegwerfdekoration wie Poster und Palme bestückt. Die geöffnete Tür und ein Motorradhelm können als weitere Hinweise auf einen baldigen Aufbruch gelesen werden. Die ‚Mumie' erwacht und ihr Körper regt sich in organisch fließenden Bewegungen, jedoch wird sie den Raum nicht verlassen. Wie Franz Kafkas Gregor Samsa – vor seiner Verwandlung war er ein reisender Vertreter – scheint sie den „gewölbten", „bogenförmigen" Leib als ihren Körper angenommen zu haben. Er zwingt sie, an Ort und Stelle zu bleiben, unterdessen schlüpft der Geist in einem chaotisch collagierten Bewusstseinsstrom in verschiedene Rollen.

Während in Kafkas *Verwandlung* (1915) der Rückzug aus dem aktiven Leben eine beobachtende Reflexion über die Lebenssituation eines deprimierten Handlungsreisenden ermöglicht, bewirkt sie bei Stefan Panhans' Videoarbeit *If A Store Clerk Gave Me too Much Change* einen verbalen Erguss von Textpassagen, die von einem überforderten Gehirn in schizophrener Manier abgespult werden. Sie durchfließen den Körper wie ein Medium, wobei – einem Radio oder Fernseher vergleichbar – ständig der Sender wechselt.

Die ‚Sender' sind die Messiasse der heutigen Welt von Konsum, Information und Selbstoptimierung, deren Botschaften sich das mahnende Gewissen einverleibt hat und die wie Mantren den lahmgelegten Meditationskörper durchwandern. Das erinnert an Alfred Döblins Franz Biberkopf (*Berlin Alexanderplatz. Die Geschichte von Franz Biberkopf*, 1929), dessen überreizte Wahrnehmung von der modernen Großstadt in einer Textcollage vermittelt wird, in der äußere Verlautbarungen die

Lost in Reflexion – On Stefan Panhans's *If A Store Clerk Gave Me too Much Change*

The twittering and chirping of birds and crickets dies down. "It" awakens hissing, murmuring, whispering, and roaring disassociated bits of texts until the "organic mechanism" succumbs. Chirping and twittering resume. The one-person show is over—and begins once again.

Here, the immobile camera is set up to face the "stage." Placed in the center, on a pedestal made of bales of hay and a blue mat, someone is lying inside a red mummy sleeping bag. The changing voice, the sleeping bag shroud, the blonde wig, and the "Kiss" face make-up prevent this creature from being identified as anyone in particular. The tomb-like arrangement of a modern outdoor survival camp, including camp stove, white bread, and smoothie—big-city comfort food, quickly consumable—is installed in a room that resembles a garage. It's a kind of provisional setup, scantily decorated with disposable items like posters and a palm. The open door and a motorcycle helmet could also be read as further signs of an upcoming departure. The "mummy" awakens, and its body stirs in organic, flowing motions, but it will not leave the room. Like Franz Kafka's Gregor Samsa—a traveling salesman before his transformation—it seems to adopt the "curved," "arching" body as its own. It forces the "mummy" to remain there, while the spirit slips into various roles in a chaotic, collaged stream-of-consciousness.

Whereas in Kafka's *The Metamorphosis* (1915), a depressed traveling salesman's retreat from active life allows him to reflect upon his existential situation, in Stefan Panhans's video *If A Store Clerk Gave Me too Much Change* a similar retreat leads to an overwhelmed brain schizophrenically pouring out a stream of text passages. They flow through the body like a medium—radio or television, say—that is constantly changing stations.

The "channels" are the messiahs of today's world of consumerism, information, and self-improvement, whose messages have been absorbed by a cautionary conscience, meandering like mantras through the paralyzed, meditating body. It recalls Alfred Döblin's Franz Biberkopf (*Berlin Alexanderplatz: The Story of Franz Biberkopf*, 1929), whose over-stimulated perception of the modern metropolis is conveyed in a collage of text in which external communications shape the protagonist's inner thoughts and experiences in an unfiltered, indifferent, and absolute way. In Panhans's work, factual texts about dinosaurs are recited in loud whispers, and a neutral voice gives tax tips and poses self-assessment questions for

innere Gedanken- und Erlebniswelt des Protagonisten ungefiltert, indifferent und absolut gestalten. Laut flüsternd werden bei Panhans Sachtexte über Dinosaurier rezitiert, eine neutrale Servicestimme gibt Steuertipps und stellt Fragen zur Selbsteinschätzung für eine Partnervermittlung. Eindringlich wird die psychologische Selbstoptimierung beschworen und in neutraler Gleichgültigkeit Statusmeldungen von Facebook und die Wartezeit an einer Ampel verkündet. Nur einmal meldet sich so etwas wie das ‚Ich' zu Wort, ein verunsichertes Bewusstsein: „Ich verstehe überhaupt nicht, warum ich nicht endlich drankomme." Die darauf folgende Beurteilung einer akuten Situation, wie die Planung zukünftiger Vorhaben sind durchsetzt von dem Verb ‚müssen', selbst die Freizeitgestaltung wird zur Pflicht: „Ich muss total bald ans Meer, das steht fest!" Unterbrochen wird der Gedankenstrom des ‚Ichs' von einer dunklen, dominanten Stimme: „Auf jeden Fall musst du aber zu ALLEM stehen, was du gerade erlebst." Das zuvor nach oben gerichtete Gesicht dreht sich zur Kamera, die vormals geschlossenen Augen blicken in Richtung Rezipient. Das im ‚Ich' implizierte ‚Überich' exponiert sich und wendet sich an den Betrachter. Der Monolog wird zum Dialog. Mit der rhetorischen Raffinesse eines Sektenmissionars trifft die Stimme den wunden Punkt eines jeden: „Oder findest du dich vielleicht selbst gar nicht wirklich liebenswert?" Mag der Rezipient zuvor die Thematik der Videoarbeit durchschaut haben, als etwas, was ihn angeht und vor dem er zugleich gewarnt ist, wandelt sich nun die Kunstsituation zur darin reflektierten Realsituation mit dem Rezipienten als Teil des Spiels.

Der Aufbau des Videos folgt den Distanzierungsstrategien des epischen Theaters: eine befremdliche Szenerie, der Einsatz einer Maske, ein von der ‚Handlung' abgekoppeltes Erzählen und die Ansprache an das Publikum. Damit führt Panhans auch die heutige Lebensrealität mit ihren entpersonalisierten und medial vermittelten Appellen und Informationen, denen jede persönlich-emotionale Anbindung fehlt, wie ein episches Theaterstück auf. Der außenstehende Beobachter wird auf diese Weise dennoch und ebendarum zum involvierten Empfänger – in einem verführenden Lehrstück. Das Eindenken übernimmt in Panhans' Werk die Rolle des (aristotelischen) Einfühlens. Hier wie in seinem Alltag ist der Ewig-Ratsuchende der Empfänger sich durchdringender Inhalte populärwissenschaftlicher Ratgeberliteratur, fernöstlicher Philosophie, Psychoanalyse und amerikanischer Konzernindoktrinierung. Während sich bei dem niederländischen Künstler Aernout Mik diese Durchmischung sakraler und säkularer Bereiche in Videoinstallationen wie *Speaking in Tongues* (2013) über sprechende, aber lautlose Bilder vermittelt, ist das ‚Reden in fremden Zungen' bei Panhans hörbar und wird zur eigentlichen Handlung. Sender und Empfänger sind zuletzt eins. Der Rezipient lauscht, reflektiert, erkennt wieder, lernt Neues dazu, gelobt Besserung und repetiert: „Mach mal Infodiäten, schalt ab und zu mehrere Tage alle Geräte aus, die dir dauernd unnütze und verwirrende so ge-

a dating service. Psychological self-improvement is urgently invoked, and Facebook status updates and the waiting period for a traffic light are announced with neutral indifference. Only once does something like a "self," an insecure consciousness, speak up: "I just don't understand why I can't get there." The ensuing assessment of an acute situation—such as making plans for the future—is pushed through by the imperative "have to"; even leisure time becomes a duty: "I totally have to go to the beach soon, for sure!" The "self's" stream of thoughts is interrupted by a dark, dominating voice: "At any rate you have to stick to EVERYTHING that you're experiencing at the moment." The face, which has been looking upward, turns toward the camera, and the previously closed eyes look in the direction of the recipient. The "superego" implied in the "self" is exposed and turns toward the viewer. The monologue becomes a dialogue. With the rhetorical skill of a missionary, the voice hits everyone's sore spot: "Or maybe you don't think that you are really lovable?" Before, the recipient may have regarded the video's theme as something that concerns him, yet at the same time, he was warned of it; now the artificial situation transforms into a real one that has to be thought about, with the recipient joining the game.

The video's construction applies the distancing strategies used in epic theater: disconcerting scenery, the use of a mask, a narrative detached from the "plot," and the device of addressing the audience directly. Panhans presents the reality of life today, with its depersonalized appeals and information conveyed through various media lacking any sort of personal, emotional connection, like an epic theater piece. Nevertheless, and yet, for the very same reason, the outsider becomes an involved recipient in a seductive, didactic piece. In Panhans's work, the process of trying to understand takes on the role of (Aristotelian) empathy. Here, and in his everyday life, the person constantly seeking advice is the recipient of the pervasive contents of popular self-help books, Far Eastern philosophy, psychoanalysis, and American corporate indoctrination. This mixture of sacred and secular territories in video installations by the Dutch artist Aernout Mik, such as *Speaking in Tongues* (2013), is conveyed in inaudible talking pictures; by contrast, in Panhans's work, "speaking in tongues" is audible, while it also constitutes the actual plot. Transmitter and receiver are ultimately one. The recipient eavesdrops, reflects, recognizes, learns something new, promises to improve, and repeats, "go on an information diet; every once in a while, for a couple of days, shut down all of the machines that are constantly sending you useless and confusing so-called information." The paradox is obvious. On the search for ourselves, we search the World Wide Web. Because, after all, we'll do anything to be happy once and for all. Why aren't we, actually?

According to the neuroscientist Gerald Hüther the problem is with the system of our consumerist, competitive culture. After

nannte Informationen liefern." Die Paradoxie ist offensichtlich. Auf der Suche nach uns selbst, suchen wir im World Wide Web. Denn man will ja alles dafür tun, um endlich dauerhaft glücklich zu sein. Warum sind wir es eigentlich nicht?

Nach dem Neurowissenschaftler Gerald Hüther liegt der Fehler im System unserer Konsum- und Ellenbogenkultur. Kinder strebten ihrer Grunderfahrung im Mutterleib entsprechend nach Wachstum und Verbundenheit. Ihnen würden aber bestimmte Denk- und Handlungsmuster vermittelt, die nicht glücklich machen können.[1] Die negativen Erfahrungen in unseren Versuchen, Anerkennung zu bekommen, frei und autonom zu sein und die Erkenntnis, dass dies gleichzeitig nicht möglich ist, führe zur Suche nach Ersatzbefriedigungen, die uns ein „bisschen froh", aber eben nicht glücklich machten. Hüthers Vortrag *Glücksgefühle* wurde auf einem online Videoportal innerhalb eines halben Jahres über 50.000 Mal angeklickt. Damit ist noch nicht der Status eines ‚Viral Videos' erreicht, aber es spiegelt – wie die endlosen Listen von Ratgeberliteratur und Wellnessangeboten – die Suche nach Glück und Heilung.

Der Mensch setzt – möglicherweise aus Mangel an Visionen über alternative Formen des Zusammenlebens und an Zutrauen ob der Durchführbarkeit politischen Wandels in einer globalen Welt – bei sich selbst an. „Nachdem das Feindbild des Kommunismus am sogenannten Ende der Geschichte wegfiel, wurden die Probleme im Einklang mit der Politik der ‚Alternativlosigkeit' auf das Individuum verlagert"[2], meint Panhans. Nicht gemeinsames Handeln, sondern das strategische Vorgehen des Menschen als Ich-AG sei gefragt. Die Menschen in Panhans' Videos sind allesamt wahnhaft einsam oder nehmen keinen Kontakt zueinander auf.

Dem individualisierten Menschen der westlichen Wohlstandgesellschaft bleibt in seiner Vereinzelung nur die ständige Selbstreflexion mit dem Ziel der Selbstoptimierung. Er hat sich soweit vom Tier entfernt, dass natürliches Leben in keiner Weise mehr selbstverständlich ist. Die Haltung zum Leben, d.h. auch die Steuerung der Gedanken, ist grundlegend für den Überlebenskampf: „Wichtig ist es, die negativen und sich ständig wiederholenden Gedanken auszuschalten, sie loszuwerden – die kannst du da oben nicht brauchen, die sind total ineffizient und unnütz", raunt die Ratgeberstimme in *If A Store Clerk Gave Me too Much Change*. Meditation und Psychoanalyse werden nicht mehr als Teil einer alternativen Lebenshaltung gegen ein repressives Außen verstanden, sondern werden eingesetzt, um besser funktionieren zu können in einem System, in dem das Gesetz des Stärkeren herrscht. Panhans verweist mit seinen Dinosauriertexten, die das Brutale, Starke und Vernichtende des vermutlich eher harmlosen, aasfressenden Tyrannosaurus hervorheben, auf eine fehlerhafte Naturvorstellung. Wie die Missinterpretation der Darwin'schen Thesen, so Panhans, diene sie dem Menschen als Vorbild und Legitimation für eine rücksichts-

their fundamental experience in the womb, children naturally seek growth and bonding. Yet, they are taught certain patterns of thought and action that cannot make anyone happy.[1] The negative experiences we have in our attempts to be acknowledged, to be free and autonomous, and the simultaneous knowledge that none of this is possible lead us to look for substitute satisfactions, that will give us a "little joy," but will not actually make us happy. Hüther's lecture, *Glücksgefühle* (Feelings of happiness), is online and within a period of six months it has been clicked on more than fifty thousand times. This does not make it a viral video, but, like the endless lists of self-help literature and wellness offers, it reflects the search for happiness and healing.

People judge themselves, probably because they cannot envision alternative ways of living together in a society, or because they lack trust in the feasibility of political change in a global world. "After the bogeyman of communism disappeared at the so-called end of history, the problems linked to the lack of political alternatives were shifted to the individual,"[2] says Panhans. The notion of working together is out of style, and people are expected to operate strategically on their own, as if we were all now individual corporations. The people in Panhans's videos are all either lonely to the point of madness, or never contact anyone else.

In their isolation, the only option for individuals in wealthy western societies is to constantly think about themselves, with the goal of self-optimization. We have distanced ourselves so much from the animal world that there no longer seems to be anything like a natural life any more. The attitude toward life—including the way we control our thoughts—is fundamental to survival. "It is important to turn off, get rid of negative, constantly repeated thoughts—you don't need them up there; they are totally inefficient and useless," whispers the voice of the advisor in *If A Store Clerk Gave Me too Much Change*. Meditation and psychoanalysis are no longer considered part of an alternative way of life that opposes a repressive external world. Instead, they are used in order to be able to function better in a system dominated by the law of the jungle. In his cited texts on dinosaurs, which emphasize the brutality, strength, and destructiveness of tyrannosaurs rex—probably more a harmless scavenger than a terrifying predator—Panhans points out a mistaken concept of nature. Like the misinterpretations of Darwinian theory, says Panhans, they serve as a role model for people, as well as a way of legitimizing an inconsiderate lifestyle. The emphasis on physicality in the description of the animal stands in contrast to the shrouded, inactive body of the incessantly talking person in the video. The person who has neglected himself to the point where his body withers mutates into a cyborg, whose life consists solely of his stream-of-consciousness, comprises an extreme perspective of the process of evolution. "*Homo* is

lose Lebensart. Die Betonung der Körperlichkeit in der Beschreibung des Tieres steht im Kontrast zu dem verhüllten, nicht handelnden Körper des ununterbrochen sprechenden Menschen im Video. Die Mutation eines selbstvergessenen Menschen mit verkümmertem Körper zu einem Cyborg, dessen Gehirnströme allein sein Leben ausmachen, besteht als extreme Perspektive des Evolutionsgangs. „*Homo* ist grundlegend ein ‚anthropomorphes Tier'. Der Mensch muß sich, um menschlich zu sein, als Nicht-Mensch erkennen."[3] Der Philosoph Giorgio Agamben sieht den Menschen am Ende der Geschichte mit dem Verlust des Animalischen konfrontiert, dass ihn und seine Kultur zum Verschwinden bringt.

Stefan Panhans' Videoarbeit zeigt als audiovisuelles Stillleben die simultane Situation eines hybriden Wesens im Zustand der Verwandlung. Der Mensch sei aufgrund seiner Schöpfungsgeschichte ein gesichtsloses Wesen, ein Chamäleon, und habe keinen festen Ort, so der Renaissancephilosoph Giovanni della Mirandola.[4] Die verschiedenen Attribute im Video wie Schlafsack und Maskierung versinnbildlichen diese Aussage und stehen gleichzeitig für die Annahme fremder Imperative auf der Suche nach sich selbst in einem Leben, das ständige örtliche und geistige Flexibilität abverlangt. Dieses Wesen hat sich verpuppt, um verwandelt zu erwachen. Das Paradies auf Erden hat es nicht gefunden.

Cora Waschke

fundamentally an 'anthropomorphic animal' [...] who must recognize himself as a non-human in order to be human."[3] The philosopher Giorgio Agamben ultimately sees humans confronted with the loss of the animalistic, which will make them and their culture vanish.

Stefan Panhans's video is an audio-visual still life that shows the simultaneous situation of a hybrid creature in a state of metamorphosis. Because of the story of creation, a human being is a faceless creature, a chameleon, and has no fixed place, according to the Renaissance philosopher Giovanni della Mirandola.[4] The various attributes in the video, such as the sleeping bag and the make-up symbolize this statement, while at the same time, they represent the way we accept imperatives from strangers when we are on the search for ourselves in a life that demands constant flexibility, in terms of both mobility and intellect. This creature has pupated in order to wake up a transformed being. It has not found paradise on earth.

Cora Waschke

1 Vgl. Gerald Hüther: *Glücksgefühle*, Videodokumentation des Vortrags auf der 2. Konferenz *Weichen stellen. Wege zu zukunftsfähigen Lebensweisen, Denkwerk Zukunft*, Stiftung kulturelle Erneuerung, Berlin 15.01.2011, www.youtube. com/watch?v=zW1U-JUl7tg. Zuletzt besucht am 29.10.2014.

2 Stefan Panhans im Gespräch mit Cora Waschke am 17.10.2014 in Berlin.

3 Giorgio Agamben: *Das Offene. Der Mensch und das Tier*, Frankfurt am Main 2003, S.38.

4 Vgl. ebd., S.39-41.

1 See Gerald Hüther, *Glücksgefühle*, video documentation of the lecture at the 2nd conference *Weichen stellen. Wege zu zukunftsfähigen Lebensweisen*, Denkwerk Zukunft, Stiftung kulturelle Erneuerung, Berlin, January 15, 2011, www. youtube.com/watch?v=zW1U-JUl7tg. Last accessed October 29, 2014.

2 Stefan Panhans, in conversation with Cora Waschke on October 17, 2014, in Berlin.

3 Giorgio Agamben, *The Open: Man and Animal*, Palo Alto, 2003, p.27.

4 See ibid., pp.29-30.

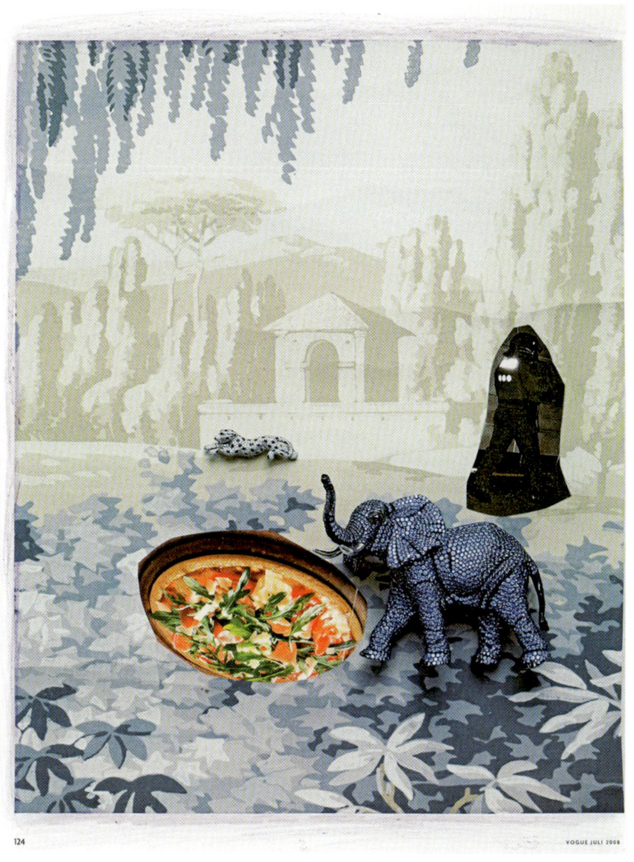

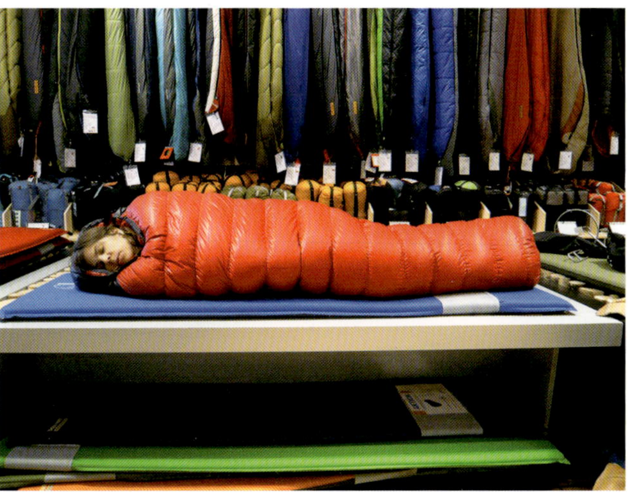

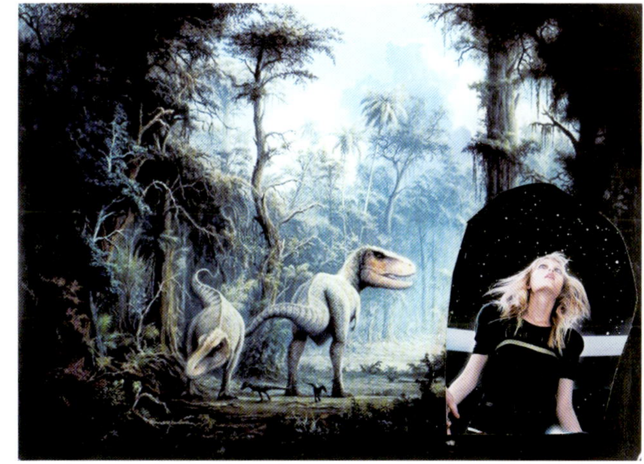

Stefan Panhans, Auswahl aus *M.H.I.O.C. (Store Clerk Research)*, 2008/09

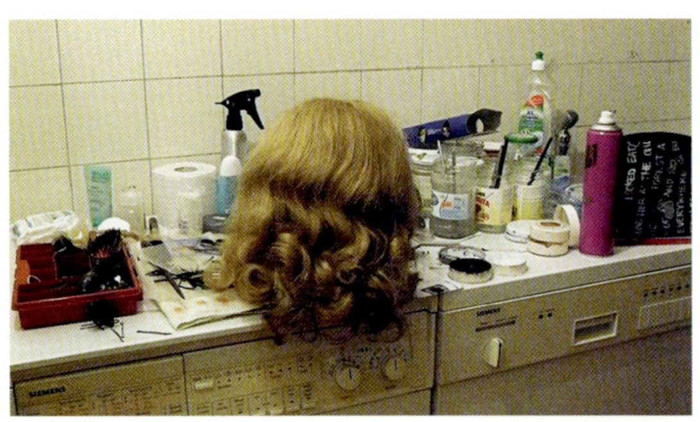

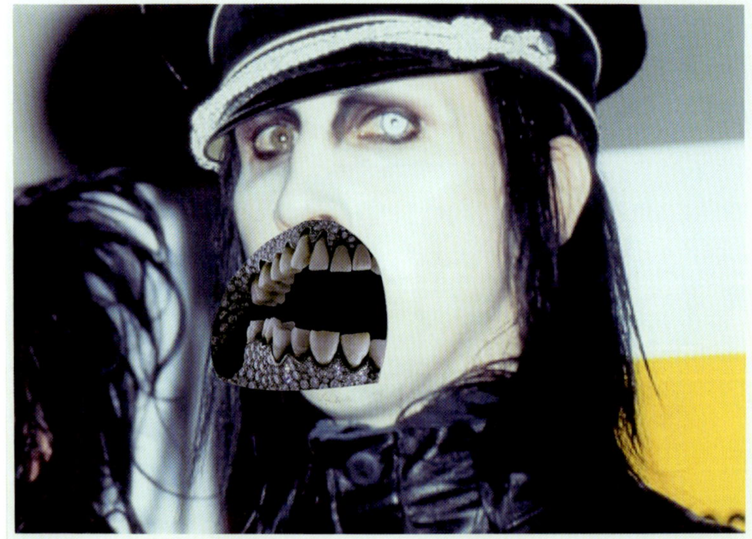

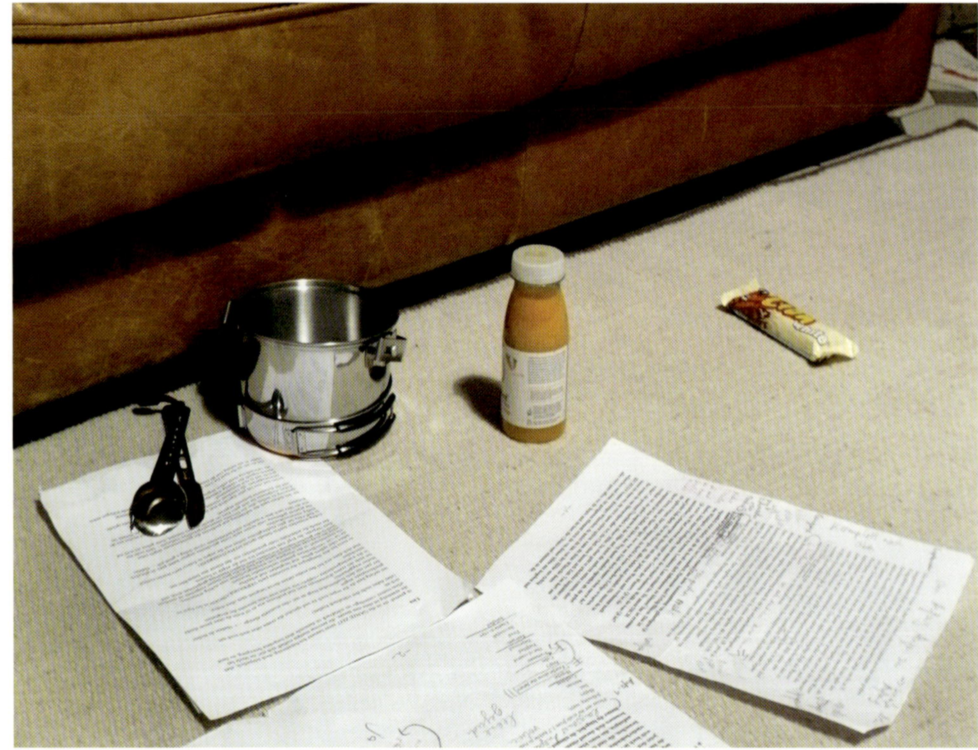

    Stefan Panhans, Auswahl aus *M.H.I.O.C. (Store Clerk Research)*, 2008/09

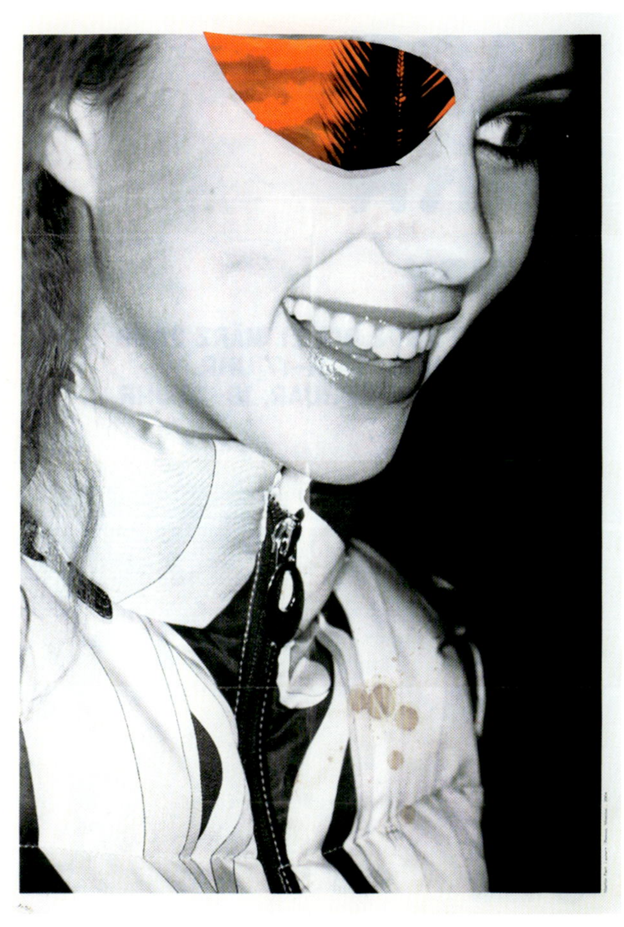

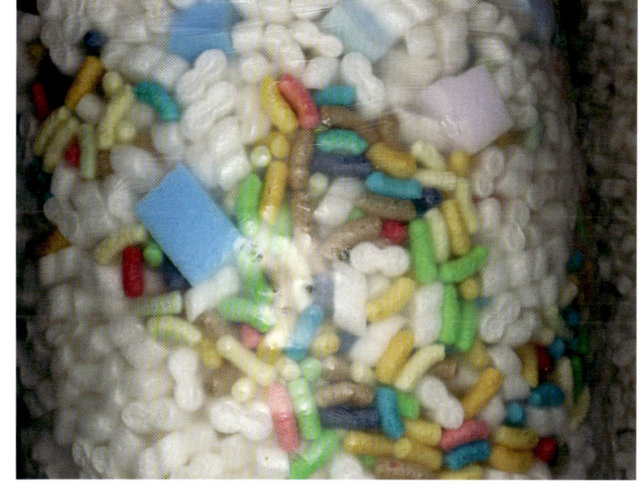

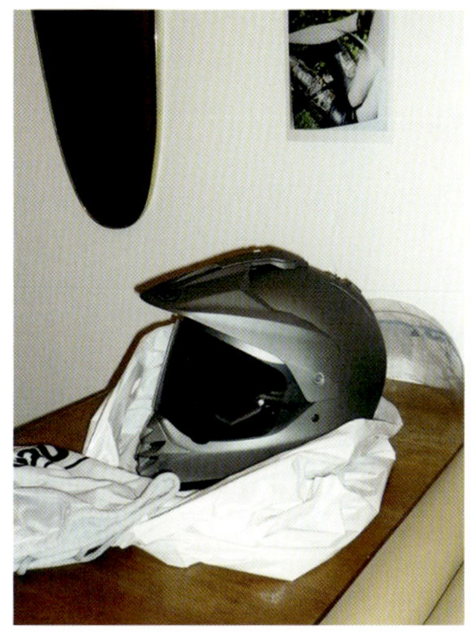

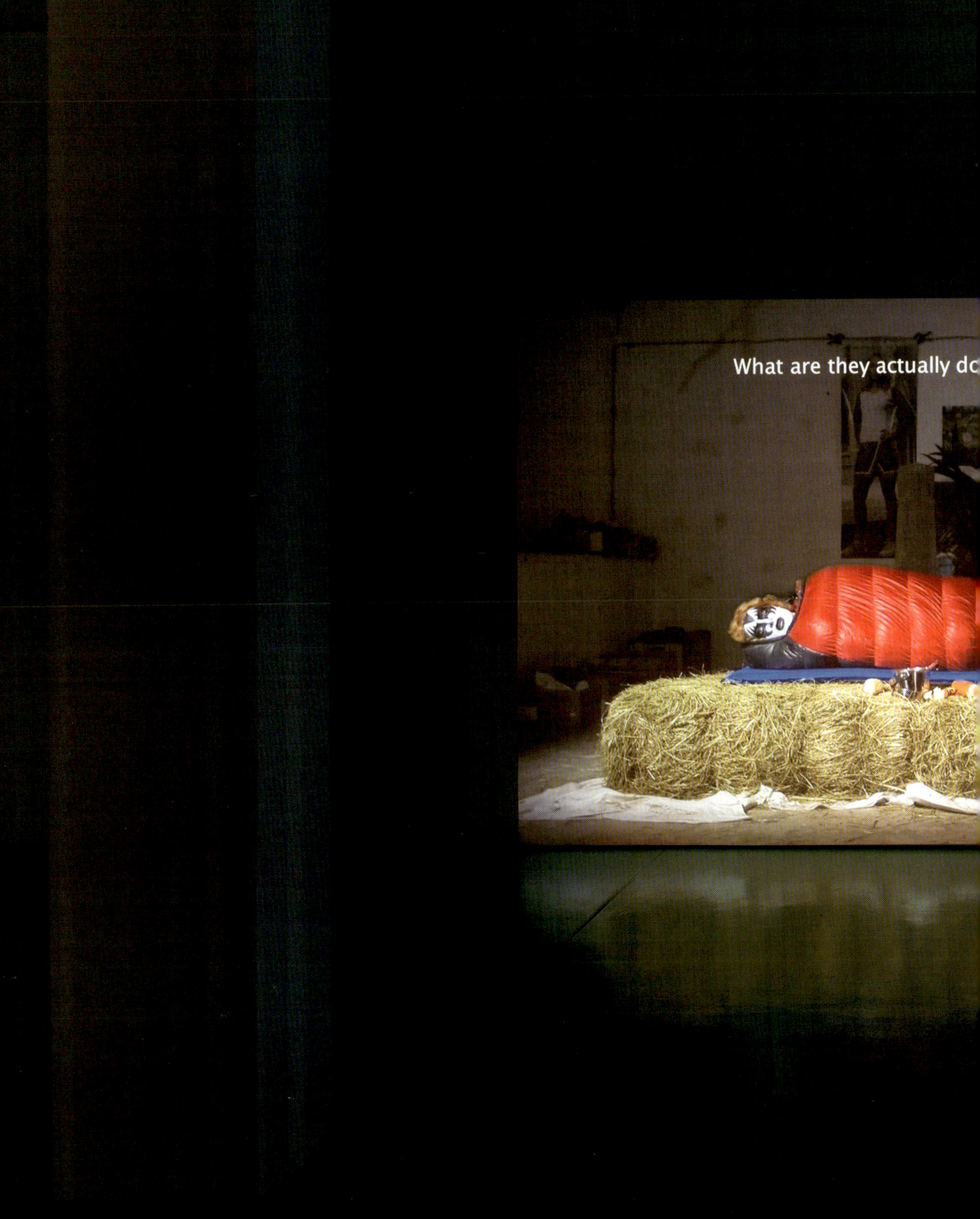
What are they actually do

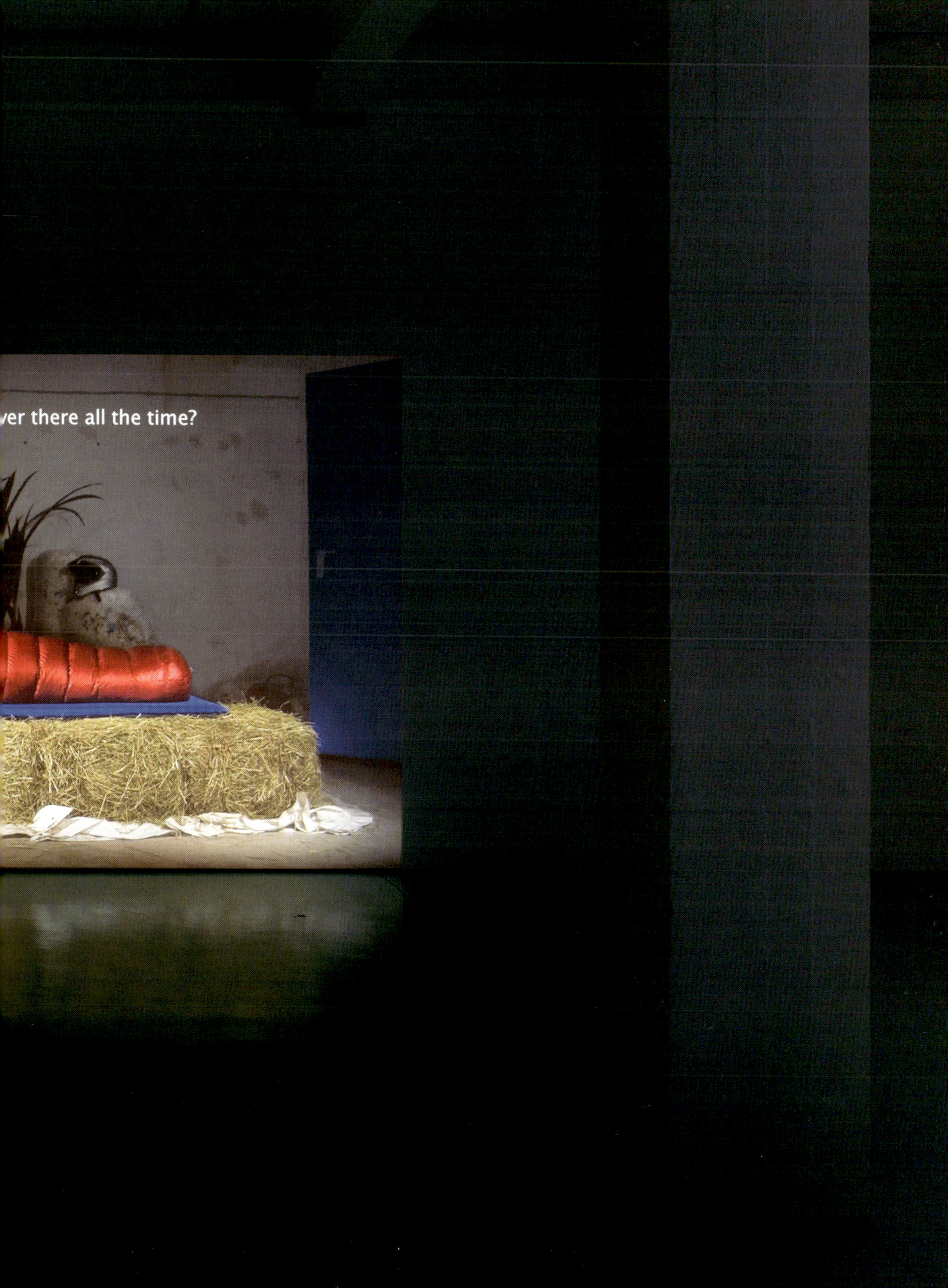
ver there all the time?

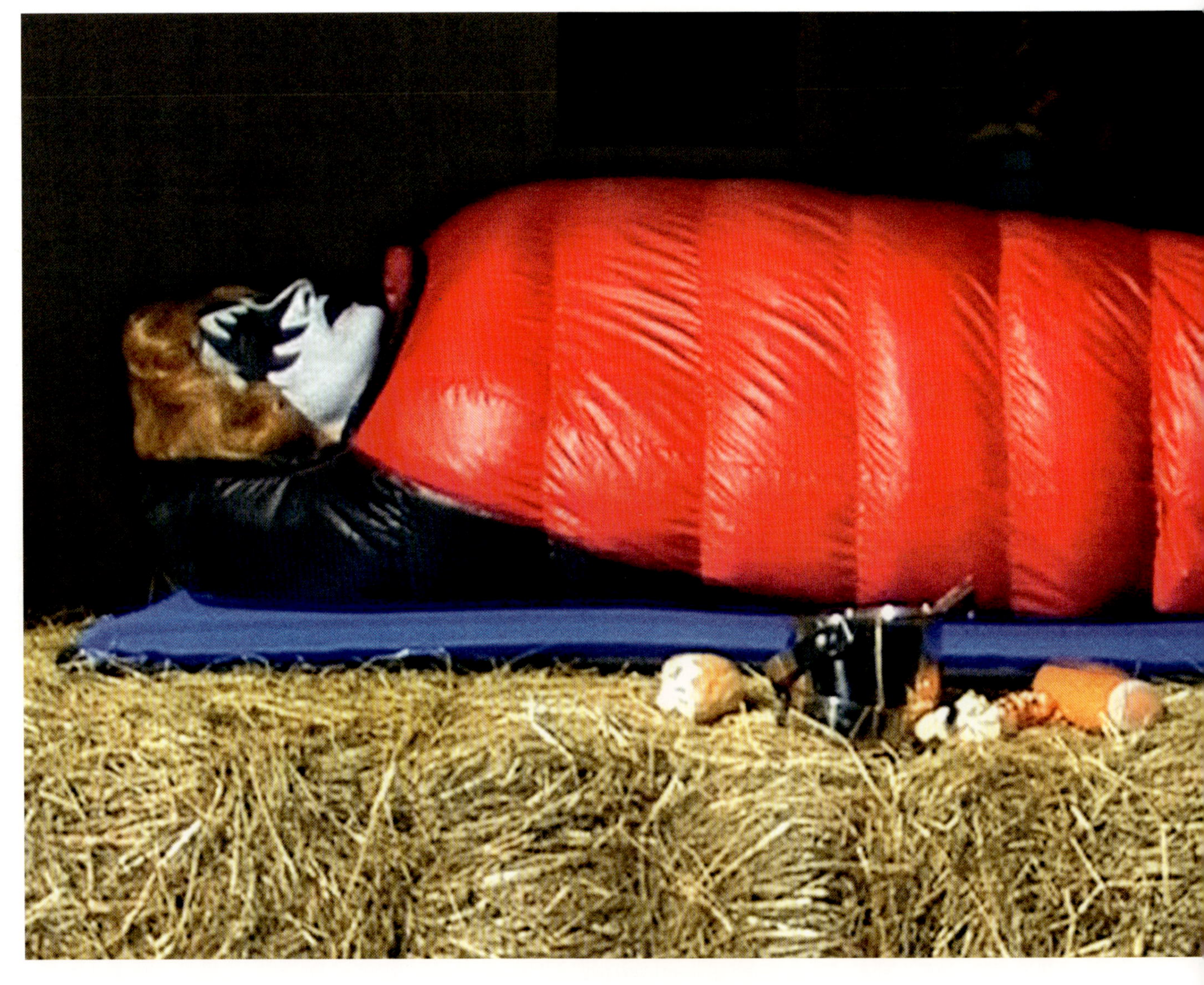

Stefan Panhans, *If A Store Clerk Gave Me too Much Change*, 2009 (Filmstills, Details)
Vorherige Seite I **previous page**: Stefan Panhans, *If A Store Clerk Gave Me too Much Change*, 2009, Installationsansicht I **installation view** KAI 10

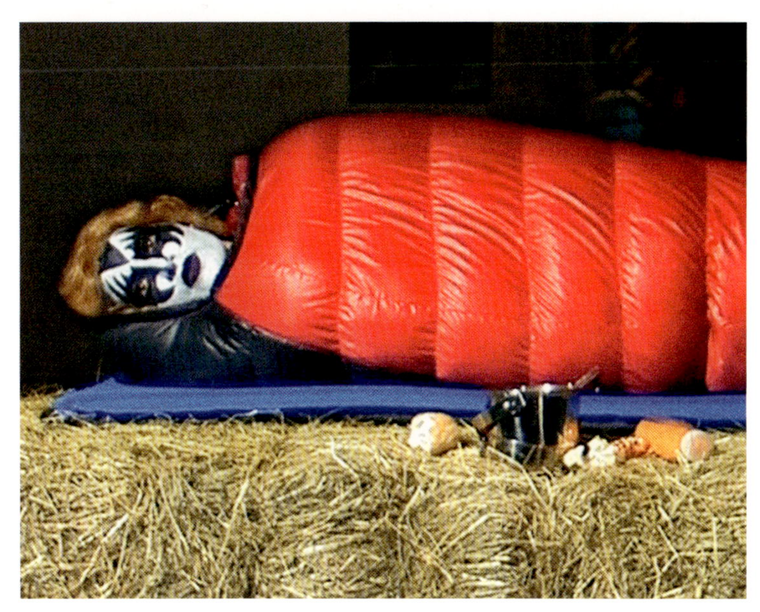

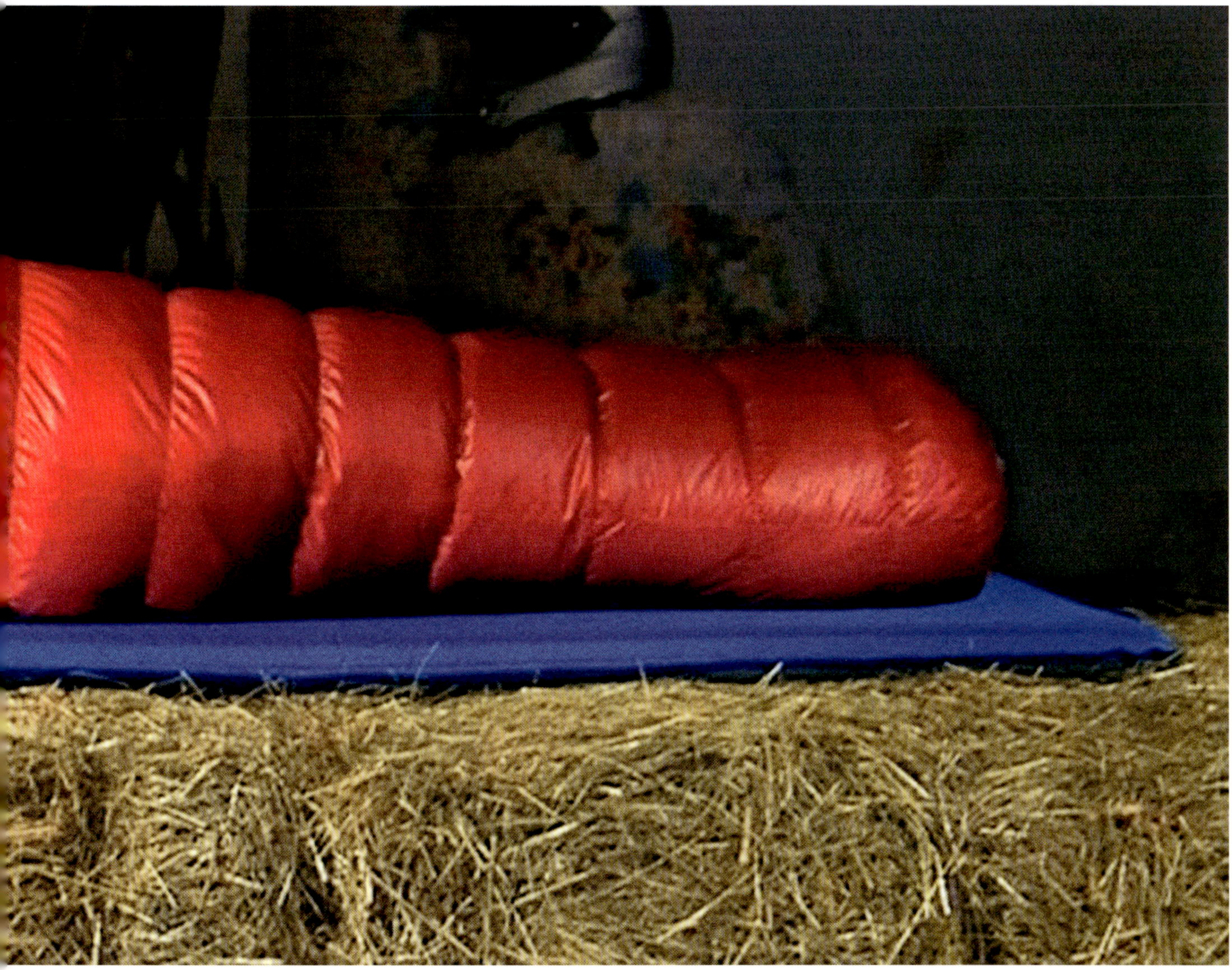

Andreas Schulze

Andreas Schulze – Dancing Octopuses

Bei einem Spaziergang am Meeresufer bei Taormina auf Sizilien entdeckte Andreas Schulze im Sand einen Pulk kleiner Tintenfische. Die ‚Calamari' schienen zu springen oder zu tanzen, was den Künstler auf die Idee brachte, drei Bilder mit diesem Motiv zu malen. Aus den niedlichen Kraken sind in Schulzes Gemälden allerdings merkwürdige, voluminöse Geschöpfe geworden. Die Tentakel, wie Tanzbeine geschwungen, verhelfen den Tieren scheinbar dazu, sich der Schwerkraft zu entledigen und über dem Boden zu schweben. Miteinander ringend, tanzend und ihre Kraft demonstrierend, können diese Oktopusse als Ausdruck einer unbändigen Lebenslust gelesen werden. Wie oft bei Andreas Schulze ist dieser Eindruck jedoch eine Täuschung. Seinen Tintenfischen haftet gleichsam etwas Unheimliches an, ebenso wie der im Himmelblau über der See strahlenden Sonne mit ihren schwarzen Ringen, die sowohl Lebensenergie als auch Bedrohung andeutet. Man fühlt sich an die Strandszenen mit Badenden von Pablo Picasso aus den späten 1920er-Jahren erinnert, in denen sich die Menschen in amorphe, teilweise monströse Gebilde verwandeln. Auch in den Bildern des Spaniers öffnet sich die Szenerie vor dem nahen Horizont des Meeres und auch hier fließen sexuelle Konnotationen in die Formsprache ein, die von den keulenartig gestalteten Armen, Beinen und Hälsen der Figuren bestimmt werden. Während aber Picasso seinen Gestalten letztlich erkennbare menschliche Züge verleiht, bleibt bei Schulze die Metamorphose zwischen Mensch und Tier vage und unbestimmt. Seine tanzenden Oktopusse verhalten sich fast wie die Badenden am Strand, aber eben doch nicht wie Menschen. Sie bleiben scheinbar eng mit der Natur verbunden, agieren frei und unschuldig wie die Tiere des Paradieses, wenngleich dieser Bereich vom Menschen längst vorbestimmt ist. Dass die Unschuld inzwischen verloren ist und nicht mehr zurückgewonnen werden kann, stört Schulzes Kraken am Meer offensichtlich nicht.

Lässt man angesichts dieser drei Gemälde das bisherige, seit dem Anfang der 1980er-Jahre entstandene Œuvre von Andreas Schulze Revue passieren, stellt man mit Überraschung fest, dass die animalischen Motive darin nur eine vergleichbar geringe Rolle spielen. Es gibt dennoch einige frühere Bilder, in denen Tiere auftreten, so *Ohne Titel* (1985) und *Ohne Titel (Wohnzimmer)* (1986). Zu sehen ist im ersten Falle eine Landschaft mit einer sich am Horizont verlierenden Straße. Es könnte aber auch ein Fluss sein. Der auf den Zuschauer zulaufende Weg wird durch eine Schranke blockiert, vor der auf einem runden, kitschigen Teppich ein Hund sitzt, der über die Barriere hinweg schaut. Einem ähnlichen Hund, der allerdings auch als Bambi-Reh durchgehen könnte, begegnen wir in dem zweiten

Andreas Schulze – Dancing Octopuses

While walking along the seashore near Taormina on Sicily, Andreas Schulze discovered a clutch of small octopuses. The "calamari" looked like they were jumping or dancing, which inspired the artist to create three paintings of this motif. Schulze's paintings, however, turned these cute little octopods into strange, voluminous creatures whose tentacles, moving like dancing legs, seem to help the animals to overcome gravity and hover above the ground. Wrestling with each other, dancing, and demonstrating their strength, these octopods could be interpreted as the expression of an unbridled lust for life. Yet, as is often the case with Schulze's works of art, this impression is deceptive. There is something uncanny about his octopuses—something that is shared by the sun with its black rings, shining in the blue of the sky above the sea, alluding to both the energy of life as well as to imminent danger. One is reminded of Pablo Picasso's paintings from the late 1920s of bathers on beaches, in which the people turn into amorphous, somewhat monstrous entities. The Spanish painter's scenes also open up in front of the nearby horizon of the ocean, while sexual connotations also flow into the formal vocabulary, which is determined by the club-like body parts: arms, legs, and throats. However, Picasso ultimately gave his figures recognizable human features, while in Schulze's paintings, the metamorphosis between human and animal remains vague, indefinite. His dancing squid behave almost like the bathers on the beach, but are still unlike real people. Their close tie to nature remains apparent; they act free and innocent, like the animals in paradise, even though human beings have long predefined this area. The fact that innocence has, in the meantime, been lost, and can never be regained, does not seem to bother Schulze's octopuses on the beach at all.

If we review Schulze's oeuvre from the early 1980s to the present, taking these three paintings into consideration, it is surprising to realize that animal motifs play a comparatively minimal role. However, there are a few early paintings that feature animals, such as *Ohne Titel* (*Wohnzimmer*) (*Untitled* [*Living room*], 1986). The former is a landscape, showing a street that disappears into the horizon. But it might also be a river. The path running toward the viewer is blocked by a barrier, in front of which sits a dog on a round, kitschy rug, looking past the toll bar. In the second picture we encounter a similar dog, which, however, could pass for a Bambi-like fawn. The picture is an interior with a table, a dresser, and a chair, upon which lies a pair of glasses—which happen to belong to the artist. One of Schulze's paintings hangs on the wall—perhaps a reference to the fact that this is his own home. A piece

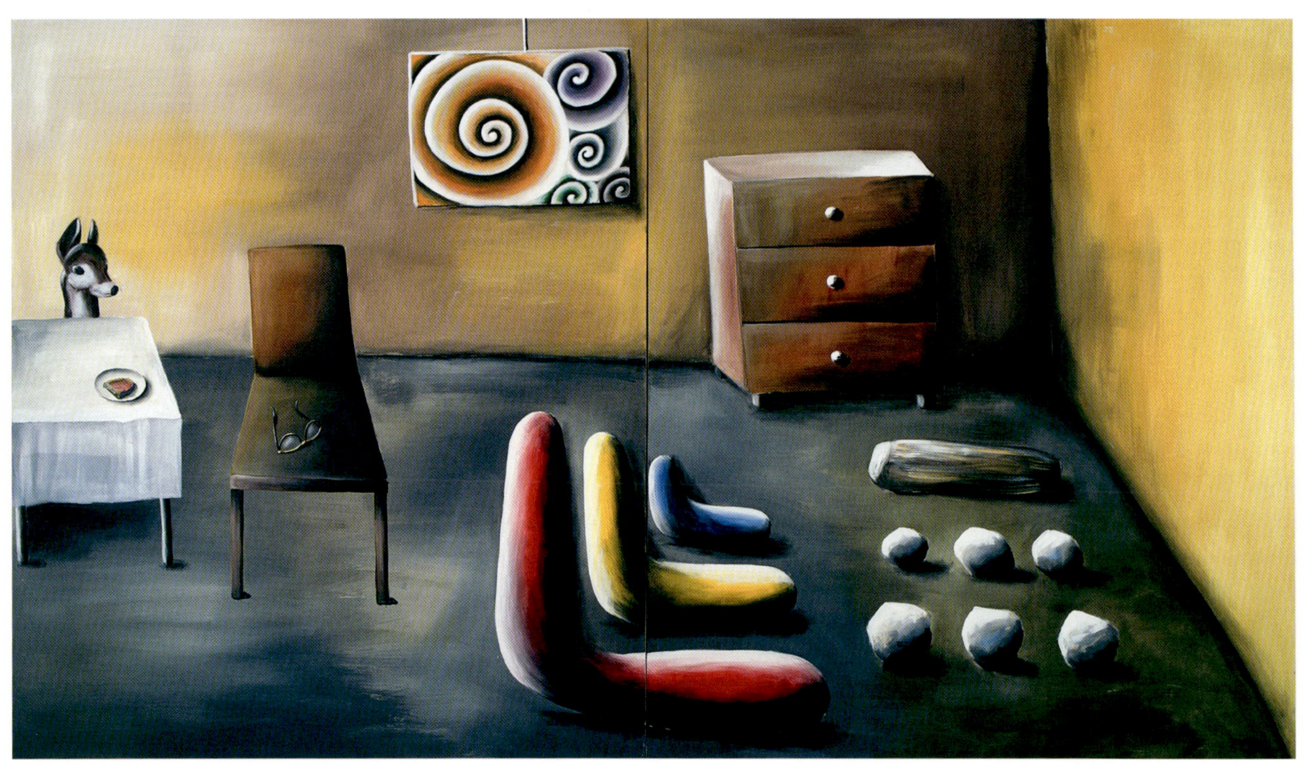

Andreas Schulze
Ohne Titel (Wohnzimmer), 1986
Acryl auf Nessel I **acrylic on untreated cotton**
230 x 400 cm
Sammlung I **collection** Landesbank
Baden-Württemberg, Stuttgart

Bild. Hier handelt es sich um ein Interieur mit Tisch, Kommode und einem Stuhl, auf dem eine Brille, übrigens jene des Künstlers, liegt. An der Wand hängt ein Bild von Schulze, vielleicht ein Hinweis darauf, dass es sich um die eigene Wohnung handelt. Auf dem Tisch liegt ein Stück Brot, anscheinend bestrichen mit Konfitüre. Alle diese Gegenstände werden mit einem merkwürdigen, surreal anmutenden Ensemble von wulstartigen, auf dem Boden liegenden Objekten konfrontiert – vielleicht Spielzeuge für Kinder oder aber Traumgebilde, Visionen des Wohnungsbesitzers. Die Gestalt des Hundes ist einer Porzellanfigur aus Schulzes Besitz entnommen. Das uns hier interessierende Tier schaut hinter dem gedeckten Tisch in Richtung bestrichenes Brot und Betrachter. Wie der Schweizer Autor Patrick Frey treffend schrieb, ist der Hund „absolut indifferent und dazu noch unendlich unschuldig. Er ist aus Porzellan und seine Indifferenz und seine Unschuld sind von entsprechender Beschaffenheit: angenehm stilisiert, von einer dünnen gläsernen Schicht überzogen und sehr zerbrechlich"[1]. Auch hier herrscht also ein paradiesischer Zustand, allerdings in prekärer Lage, denn das dargestellte Tier ist nicht echt, sondern nur eine Porzellanfigur, gleichermaßen ein Objekt der kleinbürgerlichen Sehnsucht und ein kitschiges Artefakt.

Ein anderes Beispiel für die Integration von Tierformen bei Andreas Schulze zeigt das Gemälde *Ohne Titel* (1985). Man sieht zunächst ein merkwürdiges Schild, auf dem bunte Voluten und kreisförmige Elemente eine ornamentale Komposition bilden. Das flache Schild im unteren Bereich des Gemäldes lässt den Blick in einen unbestimmten, illusionistischen Raum frei, in dem die Beine unterschiedlicher Tierarten zu erkennen sind. Vermuten kann man ein Kamel, ein Zebra, einen Elefanten, vielleicht auch ein Reh. Den Tieren wird dabei keine signifikante Rolle zugewiesen und es ist auch nicht ersichtlich, warum sie sich hinter dem Schild verstecken oder aus welchem Grund sie wie bei einer Parade nebeneinander stehen. Essentiell für die Wirkung des Bildes ist die Konfrontation zwischen den beiden Ebenen, dem ornamentalen Raster und dem fiktiven Verweis auf die Tierwelt. Die Doppelbödigkeit wird zusätzlich durch die Tatsache gesteigert, dass man von den Vierbeinern jeweils nur zwei Beine sieht.

Dass Tiere auch als Spielzeuge oder als Nippes in der Bilderwelt von Andreas Schulze auftreten können, verrät das Diptychon *Ohne Titel (Ich kaufe nichts)* (2004), eine erstaunliche Bildfindung mit verstecktem narrativen Inhalt. Was sieht das Auge? Vor einer bräunlichen Wand steht ein langgezogener, mit weißem Tuch bedeckter Tisch, der als Ablage für mehrere kuriose Gegenstände dient. Man erkennt eine Perlenkette, einen dreidimensionalen roten Buchstaben „a", einen Teller mit floralem Ornament, eine gelbe Vase, eine Krawatte und drei Spielzeugtiere. Links an den Tisch sind ein Besen und ein Kehrblech mit langem Stiel gelehnt. Vor dem Tisch stehen eine betont modernistische Lampe, eine Fernsehantenne, der berühmte Design-

of bread, apparently spread with jam, lies on the table. All of these items are confronted with a strange, surreal-looking ensemble of bulging objects lying on the ground—possibly children's toys, or maybe dream constructs, the homeowner's visions. The figure of the dog is borrowed from a porcelain figure in Schulze's possession. The animal of interest here looks past the table toward the bread smeared with jam, and the viewer. As the Swiss author Patrick Frey aptly put it, the dog is "absolutely indifferent, as well as infinitely innocent. It is made of porcelain, and its indifference and its innocence are of a corresponding nature: pleasantly stylized, covered in a thin glaze, and very fragile."[1] Here, too, the conditions are predominantly paradisiacal, although the situation is precarious, because the animal depicted is not real, but simply a porcelain figure, both a middle-class object of desire and a kitschy artifact.

Yet another example of how Schulze integrates animal shapes into his work can be found in his painting *Ohne Titel* (*Untitled*, 1985). At first, you see a strange sign, upon which colorful spirals and circular elements form an ornamental composition. The flat sign in the lower area of the painting opens up the gaze to an undefined, illusionistic space in which you can recognize the legs of different animal species. You might think you are seeing a camel, a zebra, an elephant, maybe even a deer. No significant role is assigned to the animals, and it is not clear why they are hidden behind the sign or why they are lined up next to each other, as if on parade. Essential to the painting's effect is the confrontation between the two levels: the ornamental pattern and the fictitious reference to the animal world. The ambiguity is also increased by the fact that you can only see two of each of these four-legged creatures' limbs.

The fact that animals can appear as toys or tchotchkes in Schulze's pictorial world is revealed in the diptych *Ohne Titel (Ich kaufe nichts)* (*Untitled [I don't buy anything]*, 2004), an astonishingly inventive painting with hidden narrative content. What does the eye see? In front of a brownish wall stands a long table covered with a white tablecloth; it serves as a repository for several curious objects. You can recognize a pearl necklace; a three-dimensional, red letter "a"; a plate with a floral pattern, a yellow vase, a necktie, and three toy animals. To the left, a broom and a long-handled dustpan lean against the table. In front of the table is a decidedly Modernist lamp, a television antenna, the famous chair shaped like a tractor seat and designed by the Castiglioni brothers from Italy, and finally, a decorative cross. All of these things may have come from a second-hand shop or an elegant furniture store, but they may also have been bought on eBay. This lineup of completely disparate objects hints that the painting is a visual riddle, which gives rise to the title of the piece. Each individual object represents a letter: the broom with the dustpan

stuhl der italienischen Brüder Castiglioni in Form eines Traktorsitzes und schließlich ein mit Schmuckelementen gestaltetes Kreuz. Alle diese Dinge dürften entweder einem Trödelhändler oder einem eleganten Möbelgeschäft entstammen, könnten jedoch auch bei eBay erworben worden sein. Gerade diese Aneinanderreihung völlig disparater Objekte verweist darauf, dass es sich bei diesem Gemälde um ein Bilderrätsel handelt, aus dem sich der Titel des Werkes ergibt. Die einzelnen Dinge stehen für Buchstaben: der Besen mit dem Kehrblech für „i", der Stuhl mit der auf dem Tisch liegenden Kette für „ch", die modernistische Lampe für „k". Der rote Buchstabe „a" ist natürlich selbstreferentiell. Nun folgt die kleine gelbe Vase, die für „u" steht. Die altmodische Antenne vertritt „f", das Pflanzenornament auf dem Teller steht für „e", das Steh-Auf-Tier aus Gummi und Holz für „n", die Krawatte für „i", der farbige Stuhl gemeinsam mit der Giraffe für „ch", das schmucke Kreuz für „t" und die grüne Schlange mit Kulleraugen für „s". Würde man das Bild strukturalistisch interpretieren wollen, könnte man die Objekte als Signifikanten und deren Bedeutung als Signifikate mit offener Zuschreibung bezeichnen, was aber zur Erklärung der Bildidee von Schulze nur unwesentlich beitragen kann. Und auch wenn man das Gemälde als konzeptuelle Struktur begreift, entzieht es sich einer rationalen Interpretation. Den Sinn dieses komplexen Werkes kann man natürlich auch in seiner anti-konsumistischen Botschaft erblicken. Doch vor allem geht es hier um das seltsame Leben der Dinge, die uns umgeben und die ihre jeweils eigene Geschichte als Rätsel in sich tragen.

In dieser Beziehung knüpft Schulze, wie in der Literatur bereits mehrfach erkannt, an die ‚metaphysischen' Kompositionen von Giorgio de Chirico oder René Magritte an, in welchen den Dingen ein unergründliches, enigmatisches Eigenleben zugestanden wird. Allerdings kommt bei dem deutschen Maler ein spezifischer, ironisch gefärbter Humor dazu, der dem uns weitgehend umgebenden Durchschnittsgeschmack ein Denkmal setzt, aber zugleich eine scharfe kritische Entgegnung zu ihm hervorbringt.

Zdenek Felix

stands for "i," the chair with the necklace on the table stands for "ch," the Modernist lamp for "k." The red letter "a" is, of course, self-referential. This is followed by the small yellow vase, which stands for "u." The old-fashioned antenna represents "f," the floral pattern on the plate stands for "e," the roly-poly rubber and wood animal for "n," the necktie for "i," the colorful chair and giraffe for "ch," the decorative cross for "t," and the green snake with the saucer eyes for "s." If you wanted to interpret the painting in Structuralist terms, you could describe the objects as signifiers and their meaning as open-ended significants, which, however, would not be very essential to Schulze's visual idea. And even if you were to understand the painting as a conceptual structure, it still avoids a rational interpretation. Of course, you can also see the meaning of this complex work in its anti-consumerist message. But above all, it is about the strange life of things that surround us, each of which carries its own puzzling history within itself.

As the literature has already acknowledged several times, Schulze alludes in this relationship to the "metaphysical" compositions of artists such as Giorgio de Chirico or René Magritte, in which things are granted an unfathomable, enigmatic life of their own. However, in the German artist's work, there is also a specific, ironically tinged sense of humor that commemorates the average kind of taste that overwhelmingly surrounds us, while at the same time countering it with sharp criticism.

Zdenek Felix

1 Patrick Frey, *Die Perspektive des Porzellanhundes. Spekulationen über ein Bild von A.S.*, in: Ausst.Kat. *Andreas Schulze*, Kunstmuseum Luzern; Kunstverein München; DRAC & FRAC des Pays de la Loire, Nantes & Clisson, 1989, S.63.

1 Patrick Frey, *Die Perspektive des Porzellanhundes. Spekulationen über ein Bild von A.S.*, in: *Andreas Schulze*, exh. cat., Kunstmuseum Lucerne; Kunstverein Munich; DRAC & FRAC des Pays de la Loire, Nantes & Clisson, 1989, p.63.

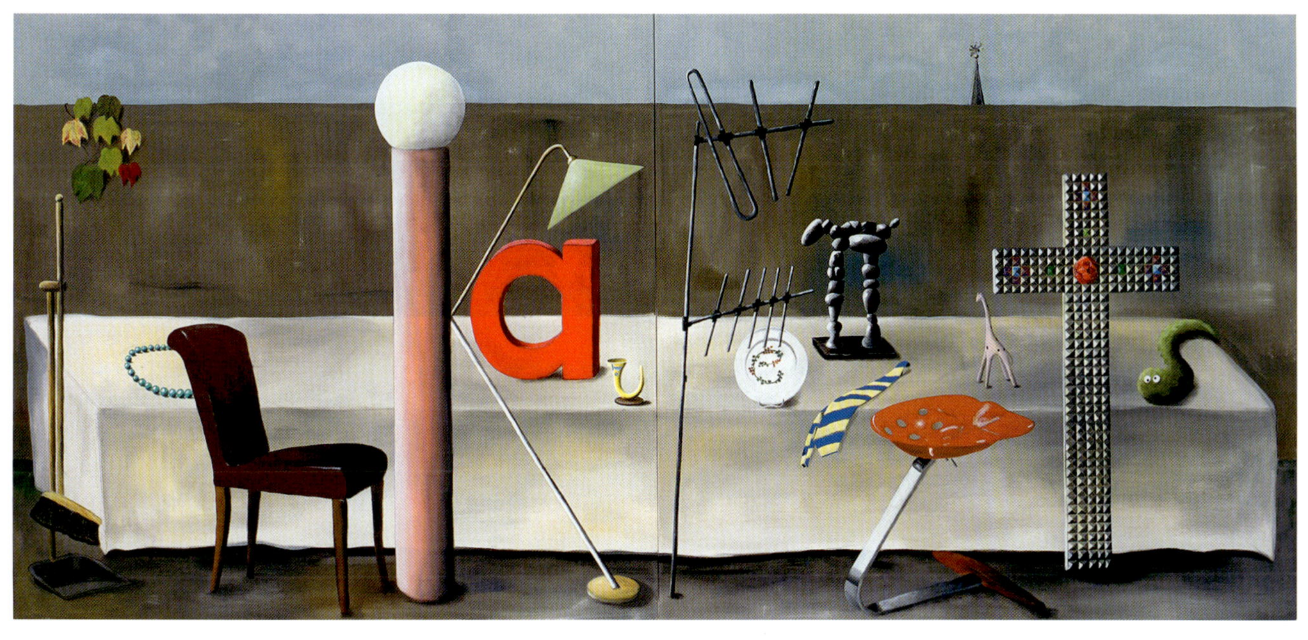

Andreas Schulze
Ohne Titel (Ich kaufe nichts), 2004
Acryl auf Nessel I **acrylic on untreated cotton**
200 x 440 cm
Museum Ludwig, Köln I **Cologne**

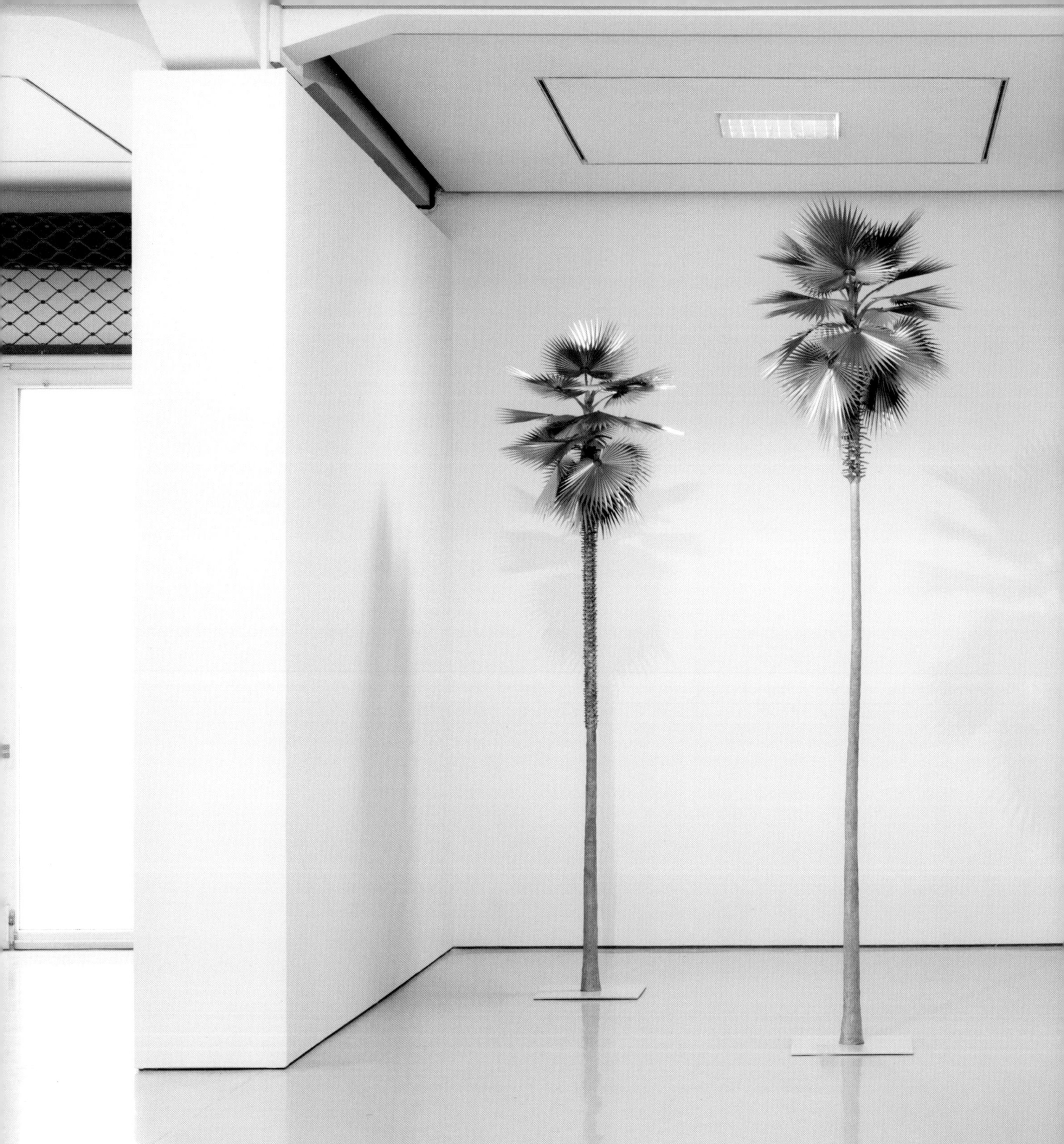

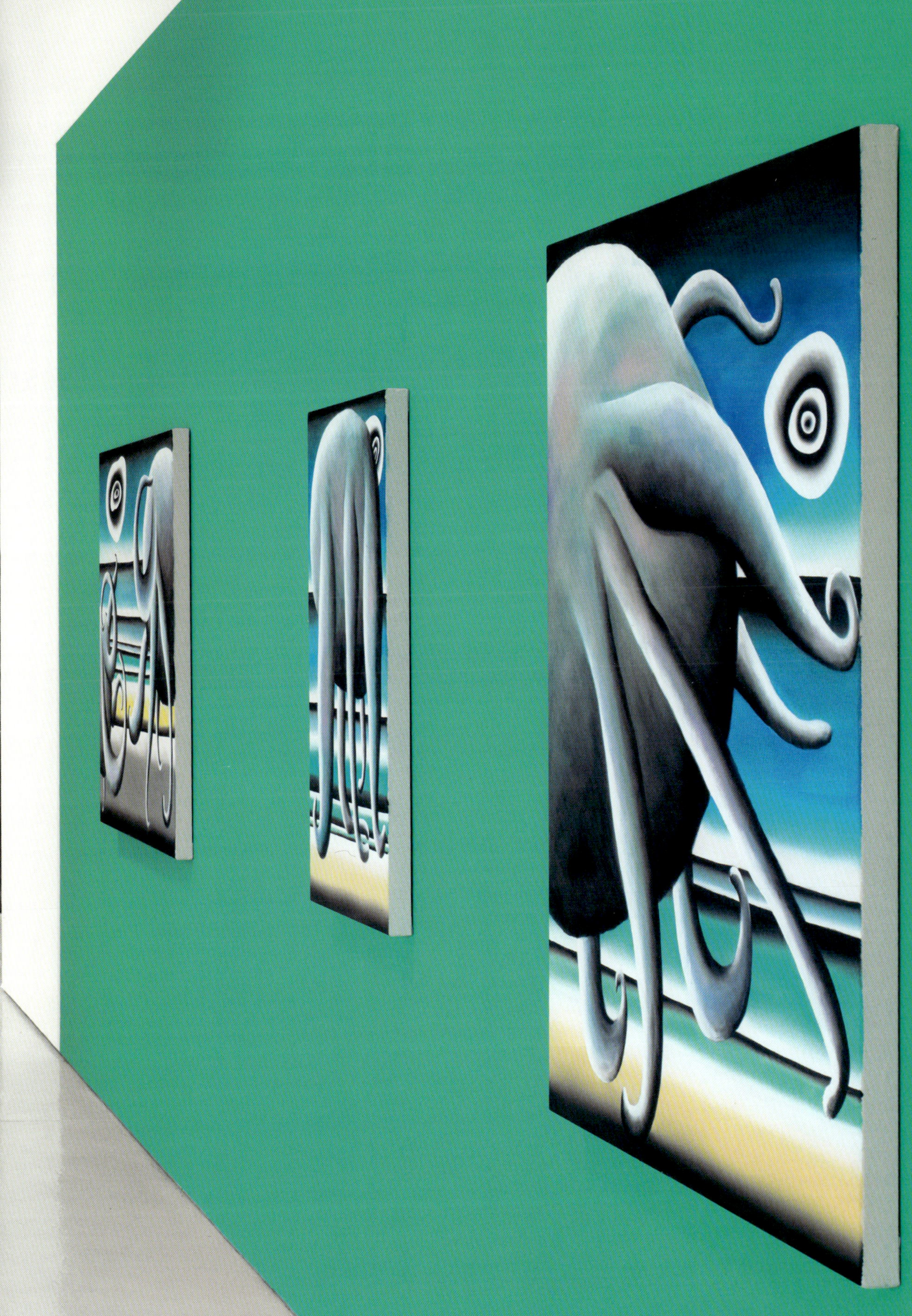

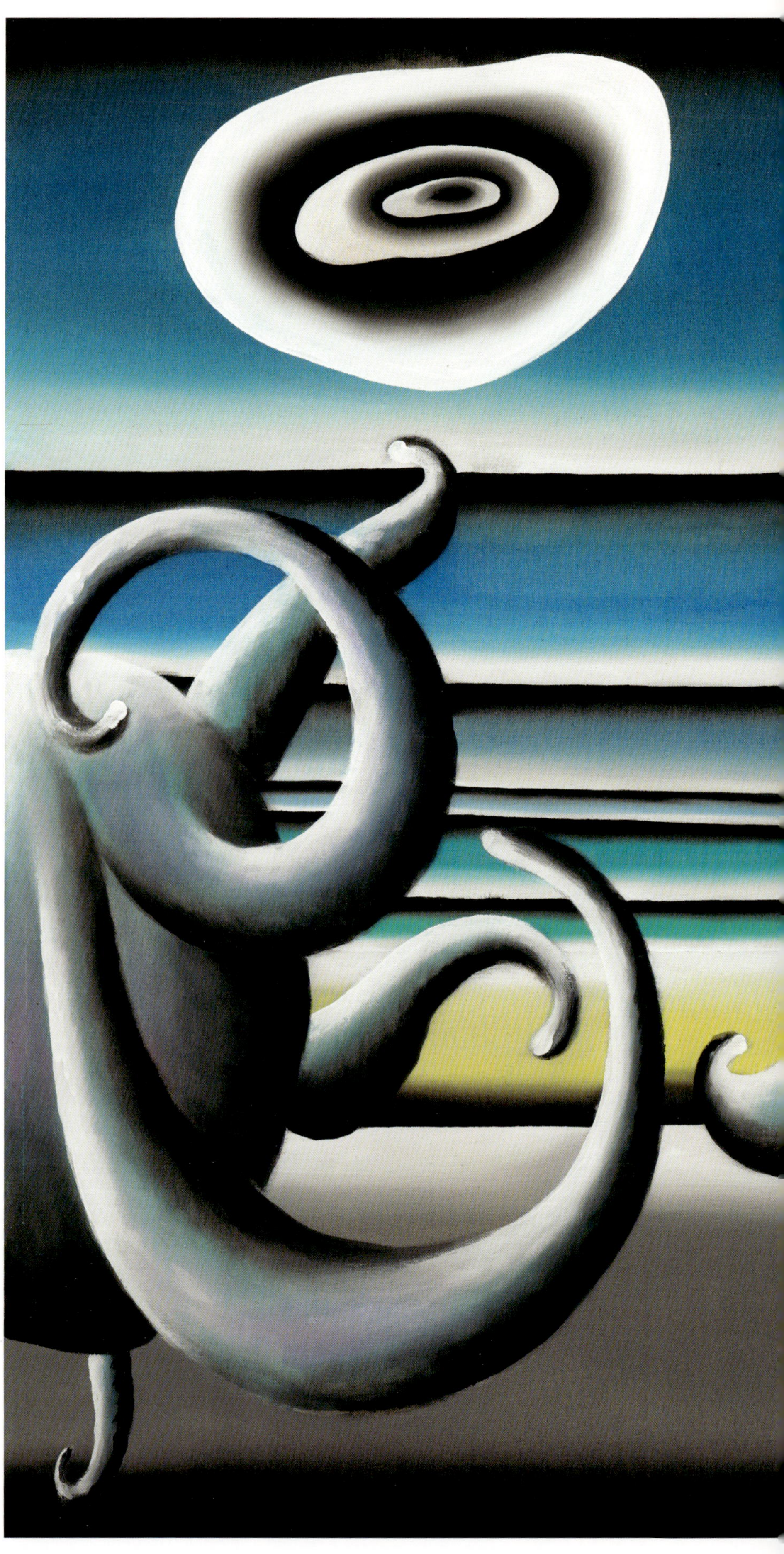

Andreas Schulze
Untitled (Dancing Octopuses), 2013

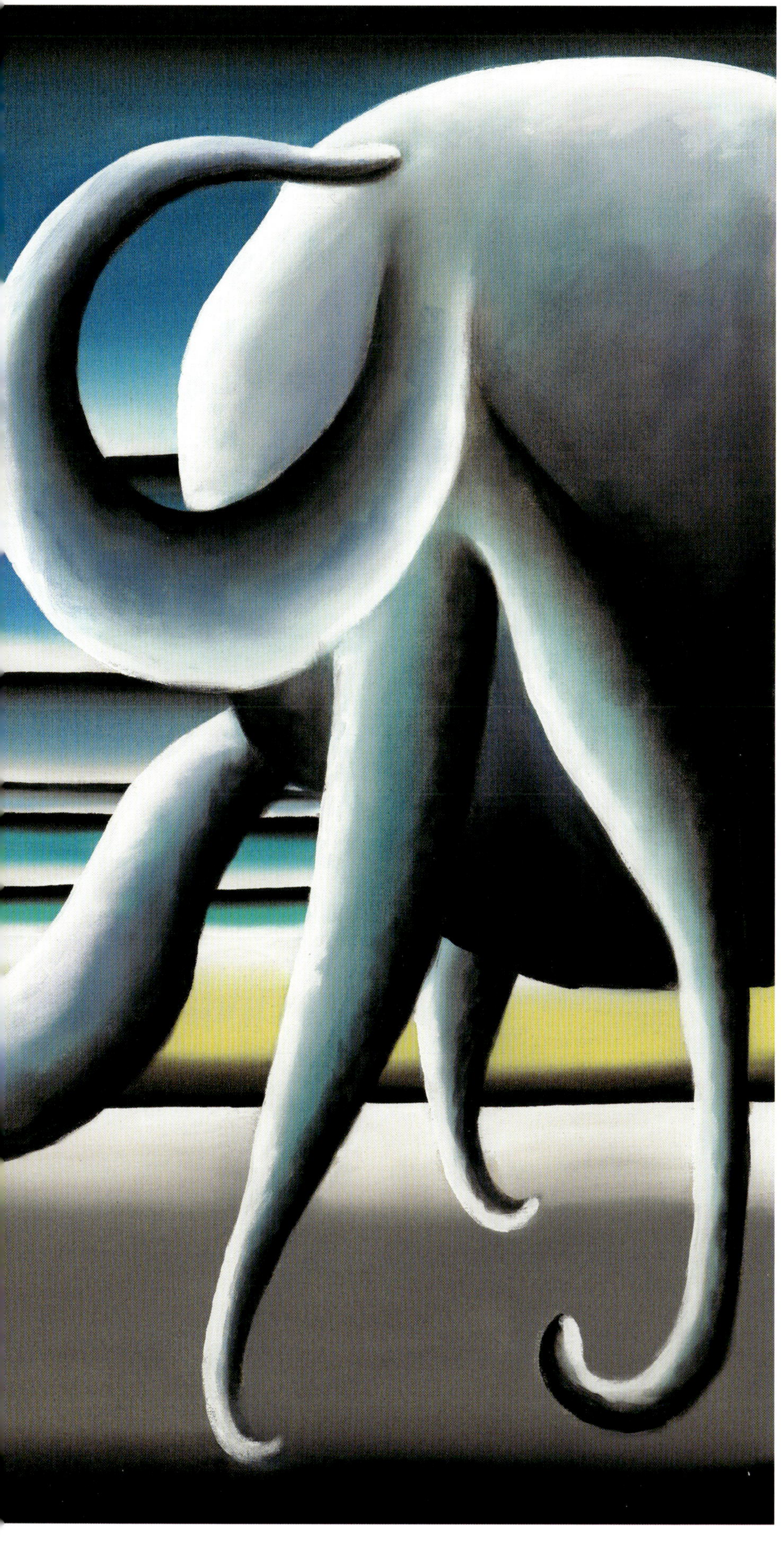

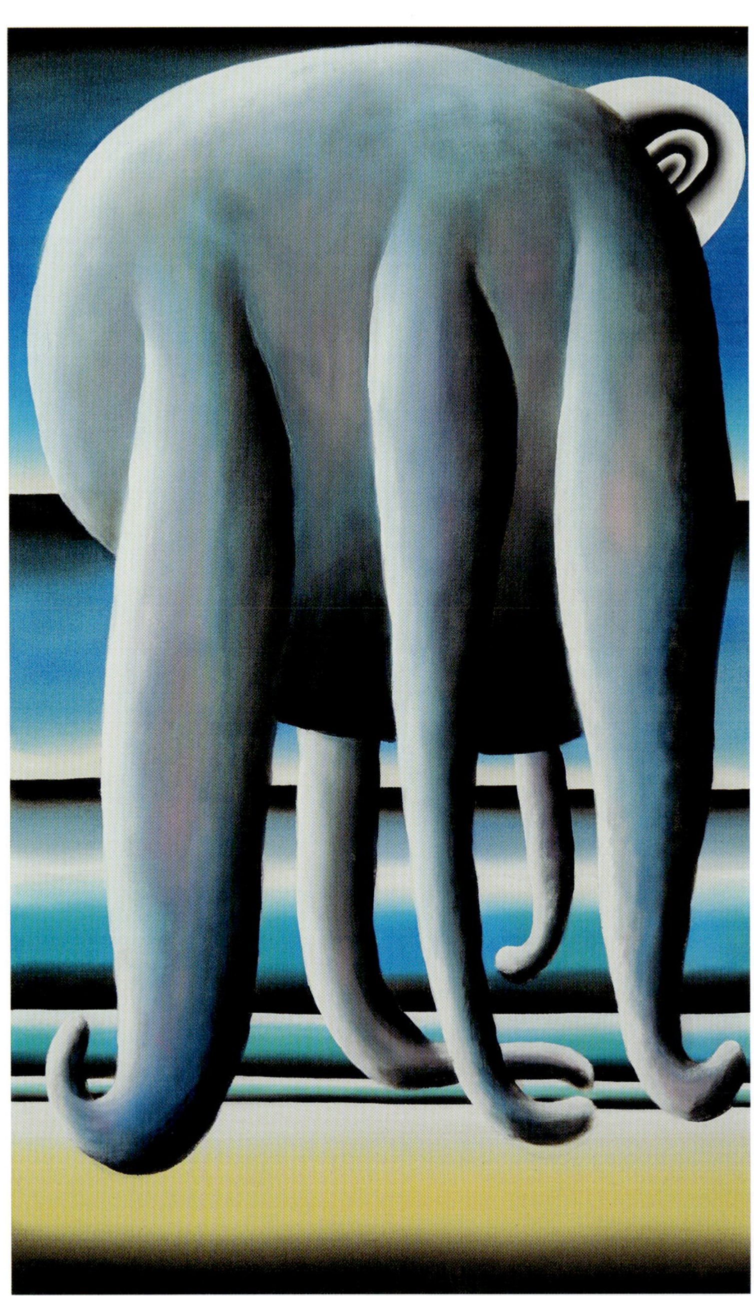

Andreas Schulze, *Ohne Titel (Krake stehend)*, 2014

50 Gegenüber | **opposite:** Andreas Schulze, *Ohne Titel (Krake von Links)*, 2014

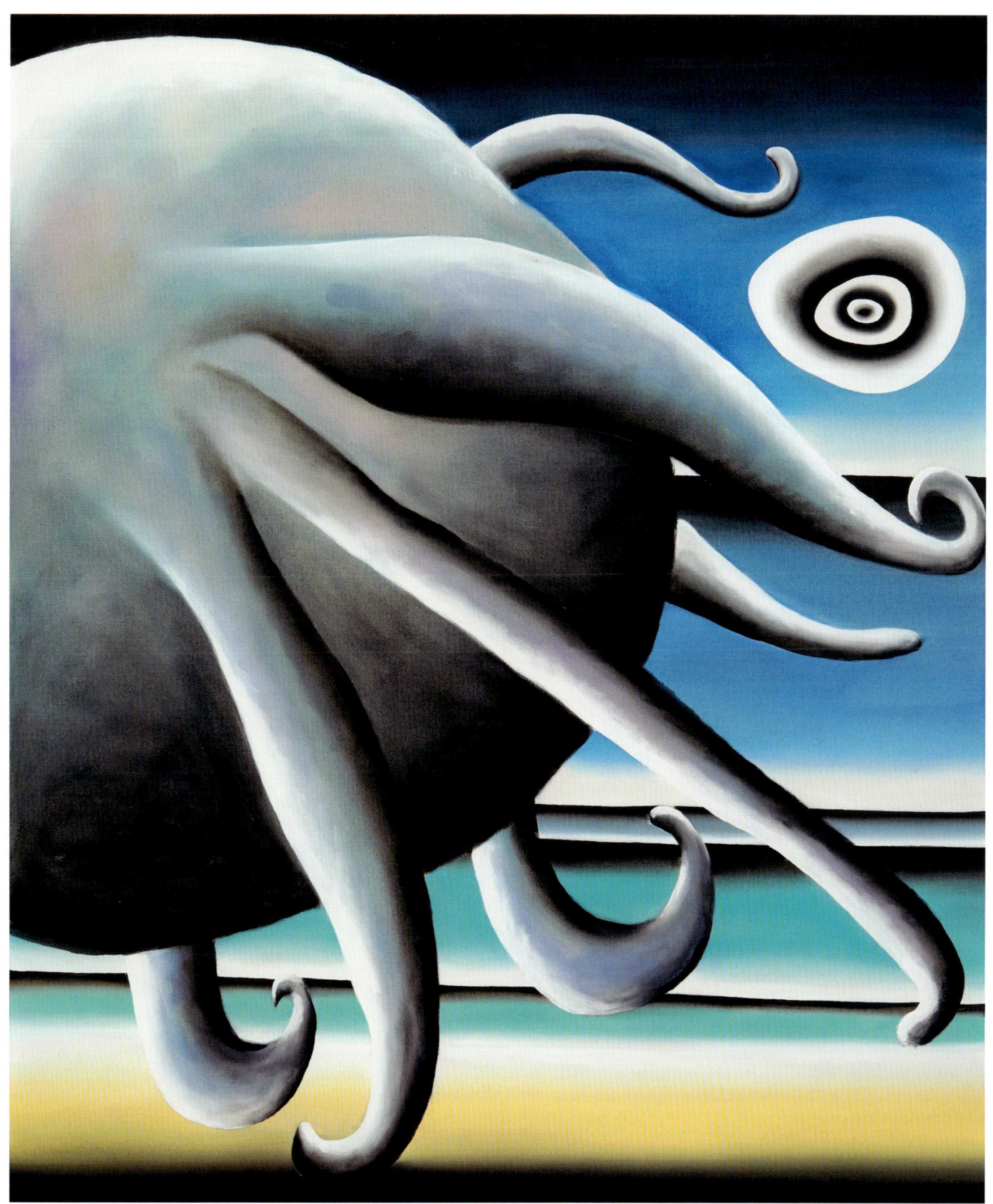

Marta Volkova & Slava Shevelenko

Ein Insekt als Projektion menschlicher Wunschträume

Im Mittelpunkt des Werkes des aus St. Petersburg stammenden Künstlerpaares Marta Volkova und Slava Shevelenko stehen raumfüllende Installationen, die malerische und skulpturale Elemente mit literarischen Bezügen zu einem Spiel zwischen Realität und Fiktion verbinden. Ihre Installation *Aus dem Leben der Käfer* (2010-2014) präsentiert uns in einer komplexen Inszenierung aus Schautischen und Vitrinen diverse Keramikobjekte und tableauartige Aquarelle, mit denen sie uns die unglaubliche Geschichte einer Käferart erzählen, die sich in die unterschiedlichsten Gegenstände verwandeln kann.

Der Tunguska Scarabæus, benannt nach einer Gegend in Sibirien, in der man ihn zuerst entdeckte, kann nicht nur die Farben und Formen von Pflanzenarten in seiner Umgebung nachahmen, sondern auch die von diversen Objekten, die ihm zufällig begegnen, etwa einer Streichholzschachtel, eines Bleistiftes oder eines Stücks zerknüllten Papieres. Beobachtet wurde auch die Verwandlung eines Käfers in eine Büste des Dichters Wladimir Majakowsky.

Diese Fähigkeit zur Nachahmung übersteigt diejenige aller anderen Tierarten und erinnert fast an das ‚menschliche Chamäleon‘, dessen fiktiven Lebensweg Woody Allen in seinem 1982 gedrehten Film *Zelig* erzählt. Der von Allen selbst gespielte Leonard Zelig passt sich jeder neuen Umgebung so stark an, dass er sofort die physischen Eigenschaften der Menschen annimmt, denen er begegnet. Ist Zelig gleichsam die Metapher für eine Person, der es nicht gelingt, eine wirkliche ‚soziale Identität‘ zu entwickeln, stehen die Verwandlungskünste des Käfers eher für kollektive Wunschvorstellungen: vor allem für diejenige, dass sich Geld und damit Reichtum auf wundersame Weise vermehren ließe. Denn unter den Tunguska-Käfern wurde auch eine spezielle Art entdeckt, welche die Form diverser Münzen annehmen kann. Das erste aufgefundene Exemplar ähnelte noch eher grob einer Dollarmünze. Aber die Fähigkeit der Tiere zur Imitation hat sich seitdem bedeutend weiterentwickelt. Bald dürfte es Käfer geben, die sich kaum noch von echtem Geld unterscheiden lassen.

Hoffnungen, die beobachteten biologischen Prozesse künstlich zu beschleunigen, haben sich indes noch nicht erfüllt. An der 858 km von Moskau entfernten Saratov-Universität werden Versuche unternommen, aus Larven des Tunguska-Käfers im Labor Münzen zu züchten. Doch dabei entstanden bisher nur alte russische Geldstücke, die längst nicht mehr in Umlauf sind.

An Insect as the Projection of Human Desires and Yearnings

Art by the duo of Marta Volkova and Slava Shevelenko—who are originally from St. Petersburg—focuses on large, three-dimensional installations that combine painterly and sculptural elements with literary references oscillating between reality and fiction. With its complex staging of display tables and cases, their installation, *From the Life of the Beetles* (2010-2014), presents diverse ceramic objects and tableau-like watercolors, through which they tell the incredible story of a species of beetle that can transform into different objects.

The Tunguska Scarabaeus, named after the region in Siberia where it was first discovered, can not only take on the colors and shapes of plants in its environment, but also of various objects that it happens to encounter, such as a matchbox, a pencil, or a piece of crumpled paper. One beetle has also been observed transforming into a bust of the poet Vladimir Mayakovsky.

This imitative ability exceeds that of any other animal species, so that the beetle is almost like the "human chameleon" whose fictitious path in life was recorded by Woody Allen in his 1982 film *Zelig*. Leonard Zelig, played by Allen himself, is able to adjust so well to every new environment that he immediately takes on the physical characteristics of the people he meets. While Zelig is a metaphor for a person who is not able to develop a real "social identity," the beetle's facility for transformation instead stands for collective notions of desire, especially those that allow money (and hence, wealth) to accumulate in miraculous ways—for a special subspecies of Tunguska beetle has been discovered, which is capable of taking on the form of various coins. The first example found only vaguely resembled a dollar coin. But the insects' imitative abilities have developed considerably since then. Soon, there may be beetles that can hardly be distinguished from real money.

Hopes of accelerating the biological processes observed have not yet been fulfilled. At the Saratov University, 858 kilometers away from Moscow, attempts have been made to breed coins from Tunguska beetle larvae in the laboratory. So far, though, they have only succeeded in making old Russian coins that have long been out of circulation.

These kinds of humorous, interpolated episodes from the story of the Tunguska beetle can also be interpreted from the aspect of serious contemporary themes. Thus, it seems logical to see some ironic criticism of gene technology in the

Solche humorvoll eingeschobenen Episoden aus der Geschichte des Tunguska-Käfers lassen sich auch im Hinblick auf ernste Themen unserer Zeit interpretieren. So scheint es naheliegend, in den Fehlschlägen künstlicher Käferzüchtungen auch eine ironische Kritik an der Gentechnologie zu sehen. Und der ‚Bericht' davon, dass sich 1908 in Tunguska eine Explosion ereignete, bei der alle Bäume in einem Umkreis von 40 Kilometern vollständig abknickten und dass die Ursache der Explosion nie aufgeklärt wurde, weckt fast unwillkürlich den Gedanken an ein Atomunglück. Sind die Käfer Mutationen, die durch radioaktive Strahlungen entstanden?

Dieser Assoziationszusammenhang steht hinter zahlreichen Horrorfilmen, in denen Insekten zu gigantischer Größe anwachsen und im Extremfall die gesamte Menschheit bedrohen, und zu denen der 1954 von Gordon Douglas gedrehte *Formicula* (Engl. Originaltitel *Them!*) sozusagen den Blueprint lieferte. Die durch Strahlung mutierten Riesenameisen, die hier ein ungeheures Zerstörungswerk durchführen, sind unter dem Eindruck von Hiroshima und der Angst vor einem drohenden Atomkrieg ersonnen worden. Schwere Waffen kommen zum Einsatz, um die mutierten Tiere zu vernichten. Der aus dem Labor entwichenen Riesenspinne in Jack Arnolds Film *Tarantula* (1955) wird schließlich mit Napalmbomben ein Ende bereitet.

Von solchen Bedrohungsszenarien ist die Geschichte des Tunguska-Käfers weit entfernt, auch wenn eines der Bildtableaus einen Einzelfall vorführt, bei dem Menschen von den Käfern tätlich angegriffen und verletzt wurden. Der Käfer erscheint weniger als bedrohliches Insekt denn als Projektionsfläche menschlicher Begierden und Sehnsüchte. Anders als eine klassische Fabel, in der Tiere wie menschliche Personen agieren, ist die Beziehung Mensch-Tier im Falle des Tunguska-Käfers eher eine gleichnisartige, in welcher das Tier als Anschauungsform für allgemeine und eher abstrakte Ideen und Vorstellungen steht.

Die Ebene der Abstraktion stellt auch die größte Parallele zur Tradition des Moskauer Konzeptualismus dar, dessen Einfluss auf das Werk von Volkova und Shevelenko unverkennbar ist. Diese Ausprägung der Konzeptkunst unterscheidet sich deutlich von der westlichen, vor allem in Bezug auf die Sprache. Nahm die US-amerikanische Conceptual Art – am radikalsten Joseph Kosuth – eine quasi linguistische Analyse von Worten, Sätzen und Begriffen mit künstlerischen Mitteln vor, so sind die russischen Konzeptkünstler im Grunde fabulierende Erzähler, wie auch ihr berühmtester Vertreter Ilja Kabakov. Der 1933 geborene Künstler inszeniert fiktive Räume wie Appartements, Gemeinschaftsküchen, ganze Bibliotheken oder Büros, die er mit literarischen Fiktionen füllt, die als Gleichnisse für politische und soziale Zustände in Russland gelesen werden können. Kabakovs narrativer Konzeptualismus öffnete einer ganzen Generation junger Künstler neue Perspektiven.

failed attempts to breed artificial beetles. And the "report" of an explosion in 1908 in Tunguska, which completely flattened all of the trees within a radius of forty meters, and the fact that the cause of this explosion has never been determined almost inevitably raises thoughts of a nuclear accident. Have the mutated beetles been created by radioactive emissions?

This context of associations is the basis for many horror movies in which insects grow to gigantic sizes and, in extreme cases, threaten all of humankind; the blueprint, so to speak, for this genre was provided by Gordon Douglas's movie *Them!* (1954). Giant ants, mutated by exposure to radioactivity, carry out mass destruction, which can be associated with images of Hiroshima or the looming fear of nuclear war. Heavy weaponry has to be deployed in order to destroy the mutant insects. The giant spiders that escape from the laboratory in Jack Arnold's film, *Tarantula* (1955), are finally finished off by napalm bombs.

The story of the Tunguska beetle is far distant from these kinds of dangerous scenarios, albeit one of the tableaux presents a single case of a beetle attacking and injuring people. Apparently, the beetle is not as much a dangerous insect as it is a surface for projections of human desires and yearnings. Unlike a classic fable in which animals act like human beings, the relationship between humans and animals in the case of the Tunguska beetle is more like an allegory in which the insect represents the manifestation of general and rather abstract ideas and notions.

The levels of abstraction also form the greatest parallel to traditional Moscow Conceptualism, whose influence on the work of Volkova and Shevelenko is distinctive. This branch of Conceptual Art is decidedly different from the western one, especially as far as the relationship to language is concerned. Although American Conceptual artists—most radically, Joseph Kosuth—conducted an artistic, quasi-linguistic analysis of words, sentences, and concepts, Russian Conceptualists are basically inventive narrators, as is the most famous among them, Ilya Kabakov. Born in 1933, the artist presents staged, fictional spaces like apartments, communal kitchens, or entire libraries and offices. He fills them with literary fiction, which can be read as parables of political and social conditions in Russia. Kabakov's narrative Conceptualism opened up new perspectives to an entire generation of younger artists.

The same is true of Marta Volkova and Slava Shevelenko when they combine a scene similar to one in a natural history museum with the story of the transforming beetle. However, they are different from Kabakov and other Russian Conceptualists, because they put far more emphasis on the visual. In contrast, their texts do not have the status of independent literary works, as Kabakov's do. Volkova and Shevelenko treat them

Dies gilt auch für Marta Volkova und Slava Shevelenko, wenn sie eine an ein naturhistorisches Museum erinnernde Szenerie mit der Geschichte des Verwandlungskäfers verbinden. Der Unterschied zu Kabakov und anderen russischen Konzeptualisten liegt dann allerdings darin, dass weit größeres Gewicht auf der visuellen Ausgestaltung liegt. Demgegenüber weisen ihre Texte keinen eigenständigen literarischen Status auf, wie es etwa bei Kabakov der Fall ist. Volkova und Shevelenko behandeln sie statt dessen als integralen Bestandteil der in den Bildern und Objekten erzählten Geschichten.

Die Detailfülle, mit der die Installation *Aus dem Leben der Käfer* ausgestaltet ist, erinnert an die schalkhaften und fast augentäuscherischen Re-Inszenierungen von Laden-, Büro- oder öffentlichen Räumen, die der belgische Künstler Guillaume Bijl seit den 1980er-Jahren vornimmt. Ähnlich aber wie viele Werke Bijls wirkt auch *Aus dem Leben der Käfer* wie ein aus dem Lauf der Zeit herausgehobenes Trompe-l'œil-Stillleben. Da Volkova und Shevelenko seit 1991 in den Niederlanden leben, mag auch ein Einfluss niederländisch-flämischer Bildtraditionen in ihr Werk eingegangen sein.

Dass die in der Installation präsentierten Objekte als Imitate und Nachbildungen ausgewiesen sind, ist ebenfalls Bestandteil der literarischen Fiktion. Die ‚echten' verwandelten Käfer befinden sich nämlich in der Sammlung des Labors in der Saratov-Universität, sind aber so empfindlich, dass sie nicht ausgeliehen werden können. Deshalb sind für Ausstellungszwecke keramische Kopien angefertigt worden. Lässt sich das vielleicht als kleiner ironischer Seitenhieb auf einen Ausstellungsbetrieb lesen, der oft keine Kosten scheut, wenn es darum geht, wertvolle ‚Originalobjekte' zu internationalen Blockbuster-Events reisen zu lassen, während die meisten Museen kaum noch über einen Etat verfügen, um Werke für die Sammlung anzukaufen?

Originalpräparate oder Imitate von Insekten sind normalerweise in naturhistorischen Museen zu finden. Bei einem Besuch kann man sich ein Bild von der enormen Artenvielfalt der Insekten machen, welche die aller anderen Tierklassen bei weitem übersteigt. Nur die seltene Art des Tunguska-Käfers sucht man dort vergebens. Er ist ausschließlich in Kunstausstellungen verbreitet, denn in der Natur hat es den von Marta Volkova und Slava Shevelenko ersonnenen Verwandlungskünstler natürlich nie gegeben.

Ludwig Seyfarth

as an integral component of the stories told in the paintings and objects.

The many details accompanying the installation *From the Life of the Beetles* recall the mischievous, almost optically deceptive re-stagings of shops, offices, or public spaces that the Belgian artist Guillaume Bijl has been producing since the 1980s. And, like many of Bijl's works, *From the Life of the Beetles* seems like a trompe l'oeil still life removed from the course of time. Since Volkova and Shevelenko have been living in the Netherlands since 1991, some influences from the Dutch/Flemish visual tradition may have gone into their work.

Identifying the objects presented in the installation as imitations and simulations is also an element of their literary fiction. The "real" transforming beetles are in the collection at the Saratov University laboratory, but since they are so fragile they cannot be loaned out, and therefore ceramic copies have been made for display purposes. Is this perhaps a small, ironic sideswipe at the exhibition industry, which often spares no expense when it comes to transporting valuable "original objects" to international blockbuster events, while most museums barely have enough money to buy works of art for their own collections?

Usually, natural history museums have original taxidermy pieces or models of insects on display. A visitor can easily discover the enormous variety of insect species, the number of which exceeds that of all other classes of animals by far. Yet, a search for the rare Tunguska beetle will be futile. It is prevalent solely in art exhibitions, because, of course, Marta Volkova's and Slava Shevelenko's imaginary transformational artist has never actually existed in the natural world.

Ludwig Seyfarth

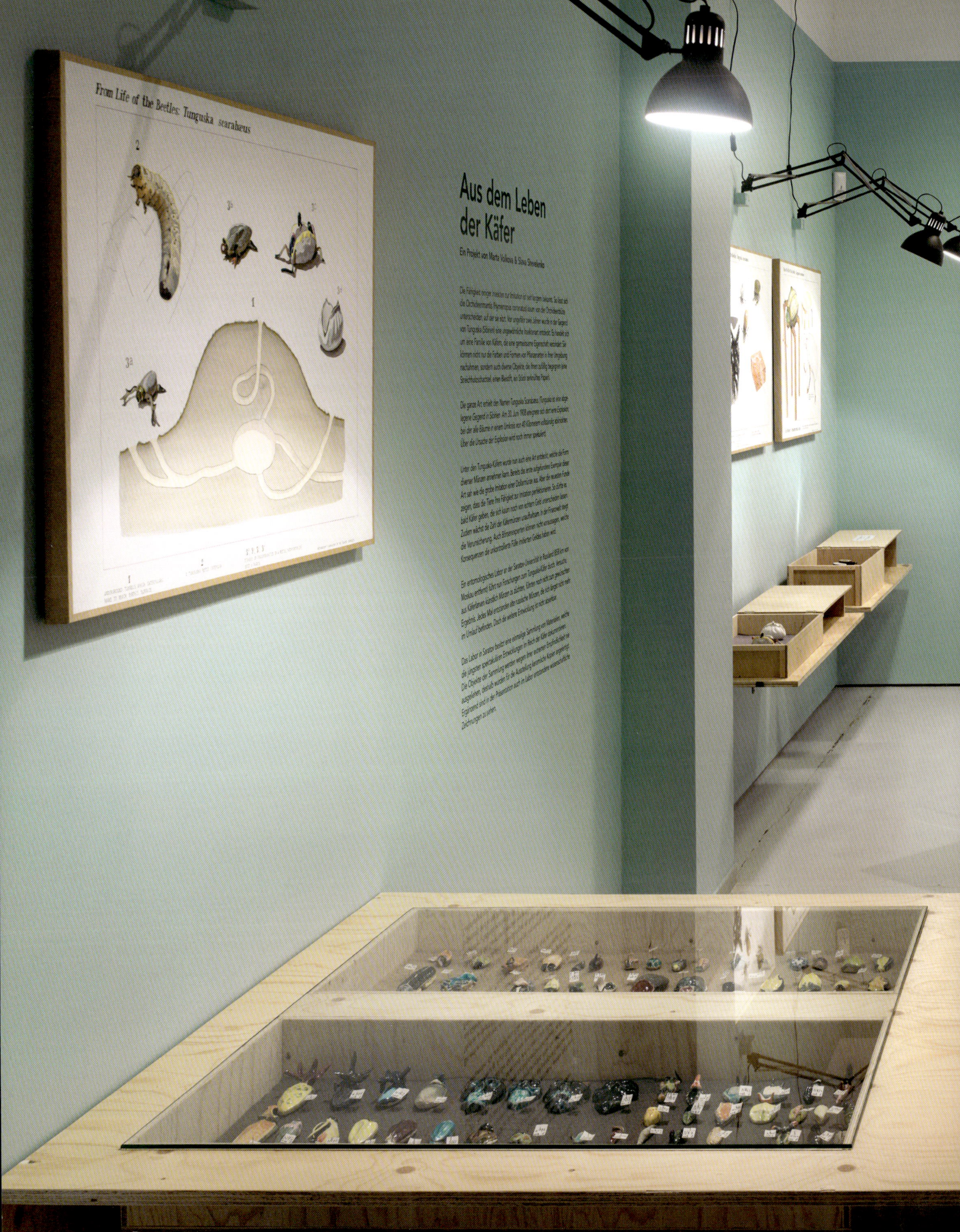

From Life of the Beetles: Tunguska scarabeus
Aus dem Leben der Käfer
Ein Projekt von Marta Volkova & Slava Shevelenko

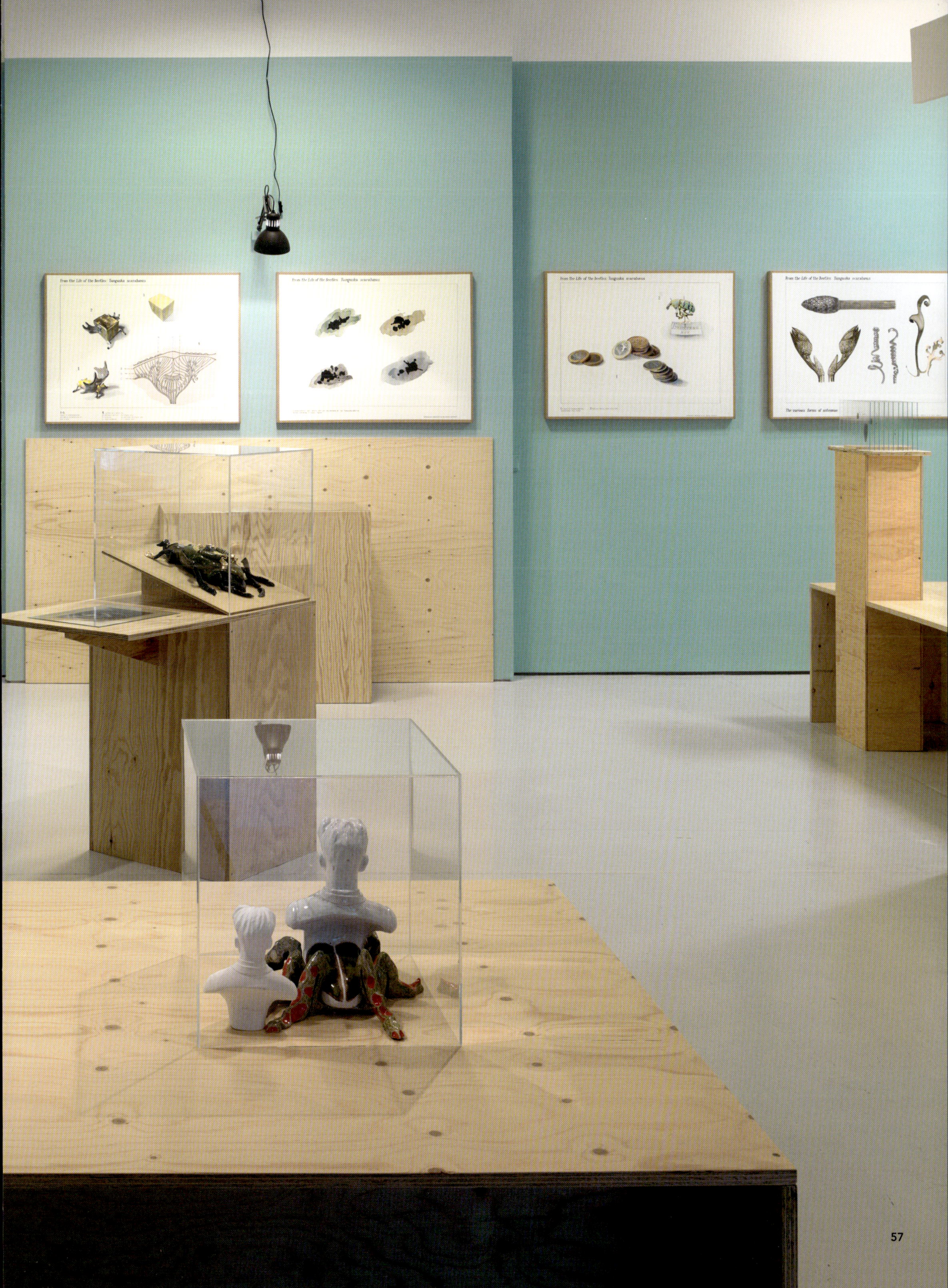

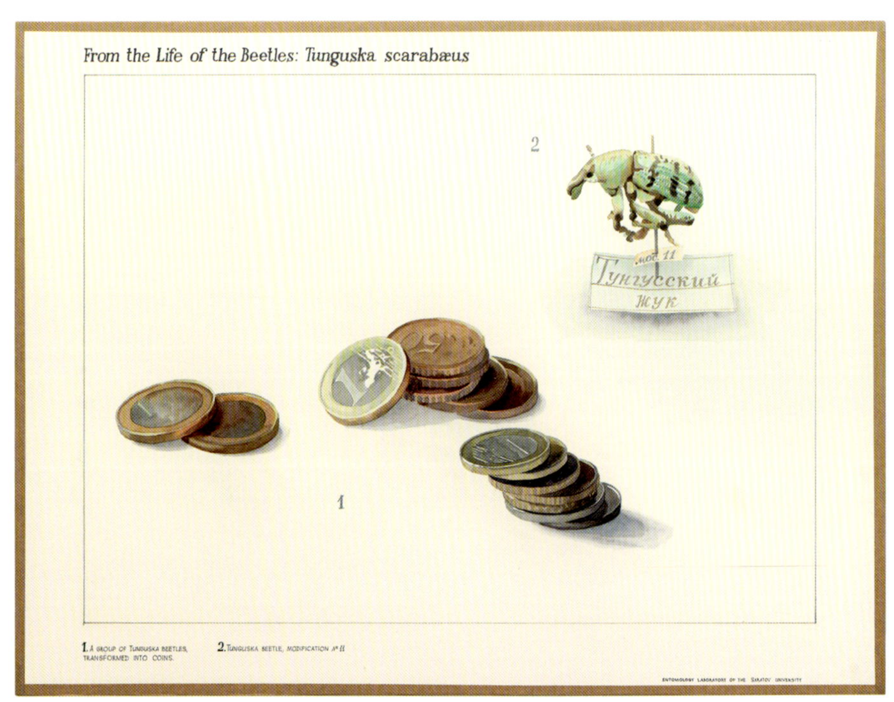

From the Life of the Beetles: Tunguska scarabæus
2
Тунгусскій
жукъ
1
1. A GROUP OF TUNGUSKA BEETLES, TRANSFORMED INTO COINS.   2. TUNGUSKA BEETLE, MODIFICATION № II.
ENTOMOLOGY LABORATORY OF THE SARATOV UNIVERSITY

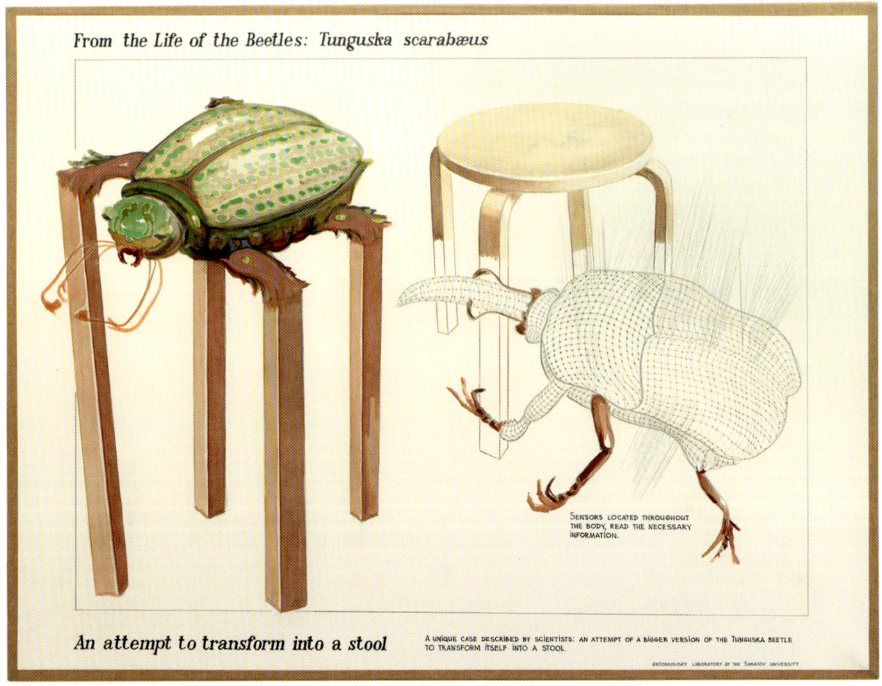

From the Life of the Beetles: Tunguska scarabæus
SENSORS LOCATED THROUGHOUT THE BODY, READ THE NECESSARY INFORMATION.
An attempt to transform into a stool
A UNIQUE CASE DESCRIBED BY SCIENTISTS: AN ATTEMPT OF A BIGGER VERSION OF THE TUNGUSKA BEETLE TO TRANSFORM ITSELF INTO A STOOL.
ENTOMOLOGY LABORATORY OF THE SARATOV UNIVERSITY

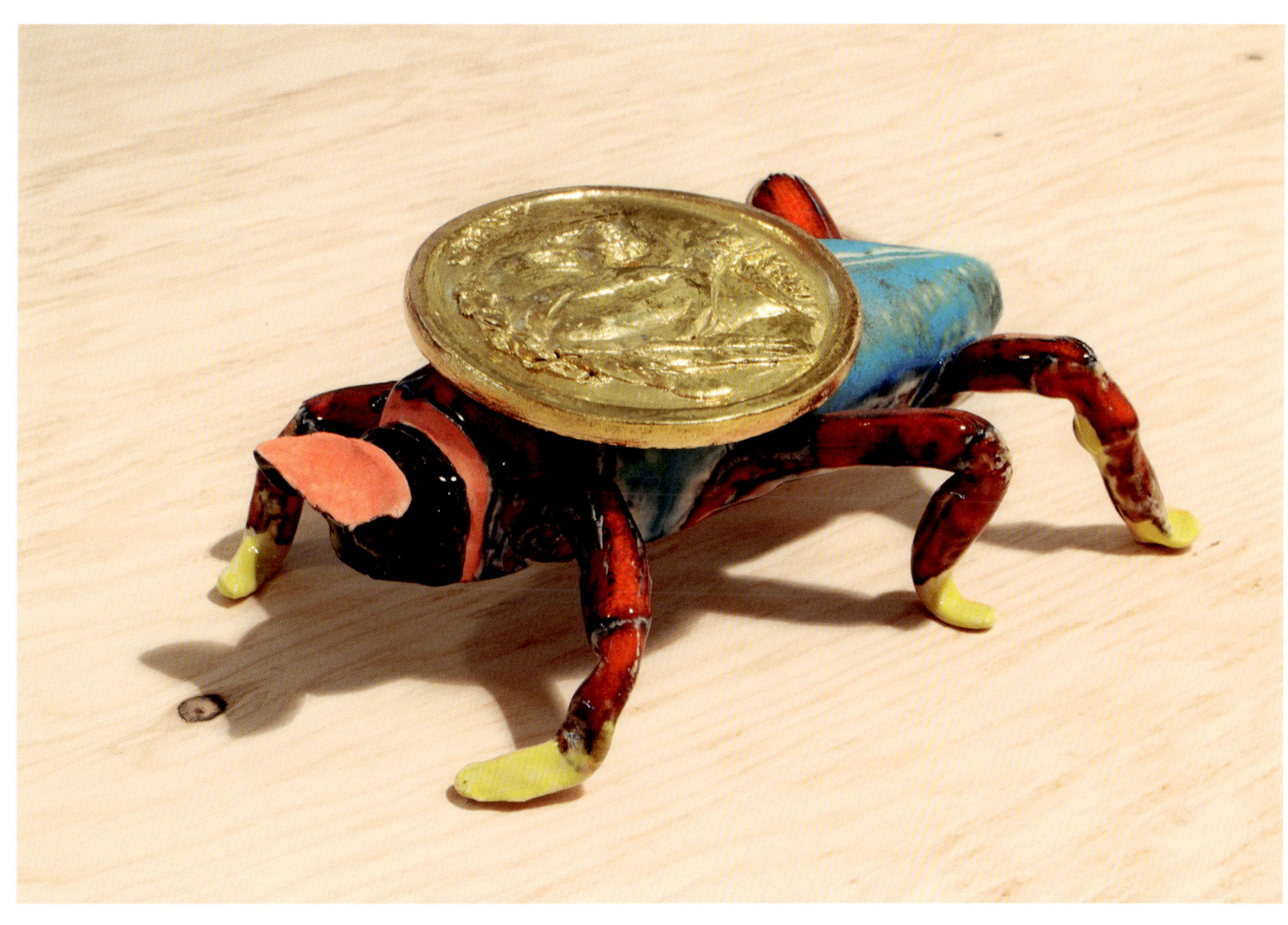

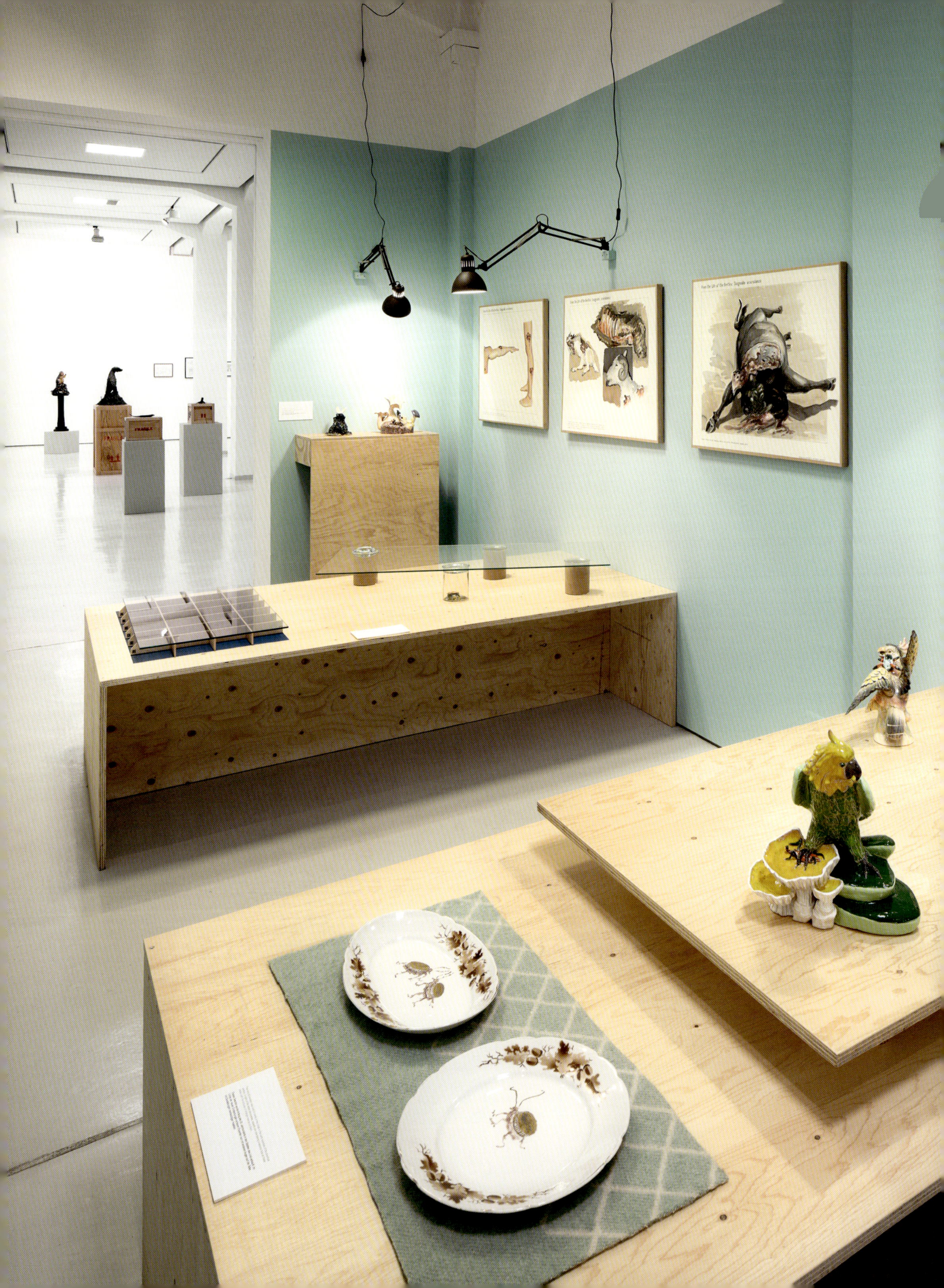

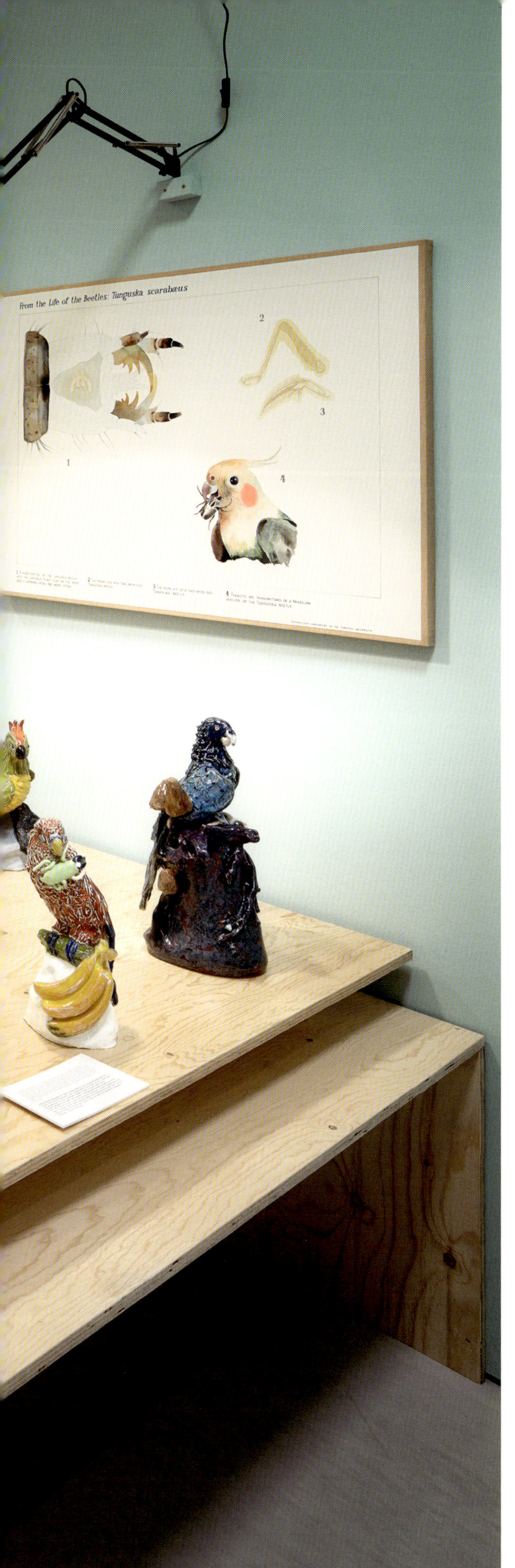

Marta Volkova & Slava Shevelenko, *From the Life of the Beetles*, 2010–2014
Installationsansicht | **installation view** KAI 10

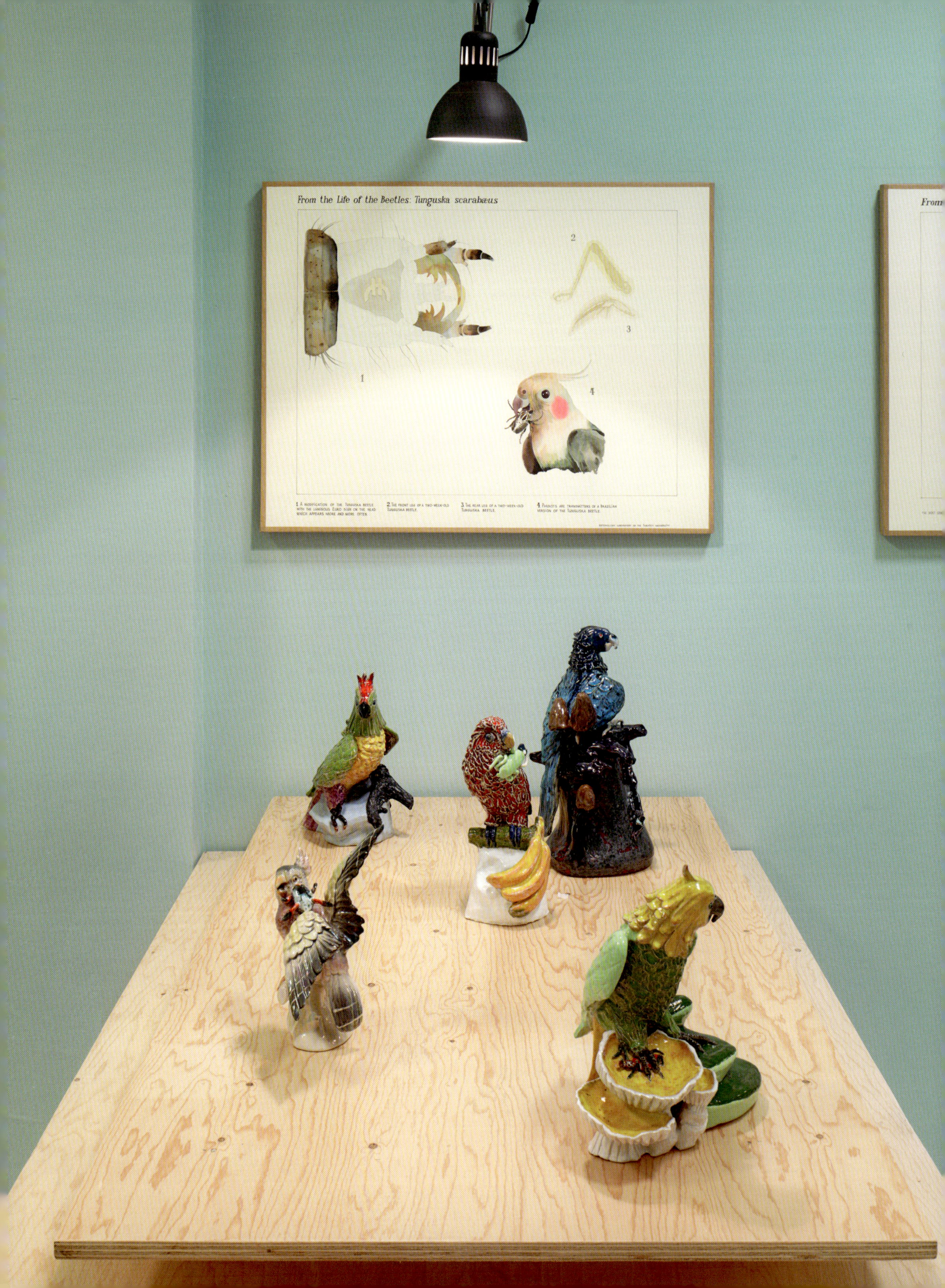

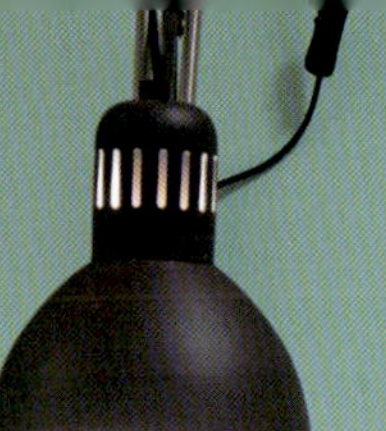
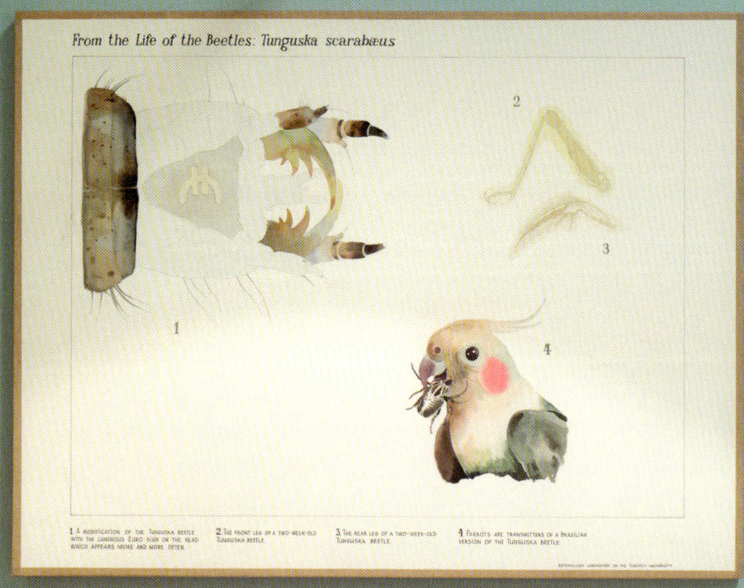

From the Life of the Beetles: Tunguska scarabæus
1
2
3
4
1. A modification of the Tunguska beetle with the luminous Euro sign on the head which appears more and more often.
2. The front leg of a two-week-old Tunguska beetle.
3. The rear leg of a two-week-old Tunguska beetle.
4. Parrots are transmitters of a Brazilian version of the Tunguska beetle.

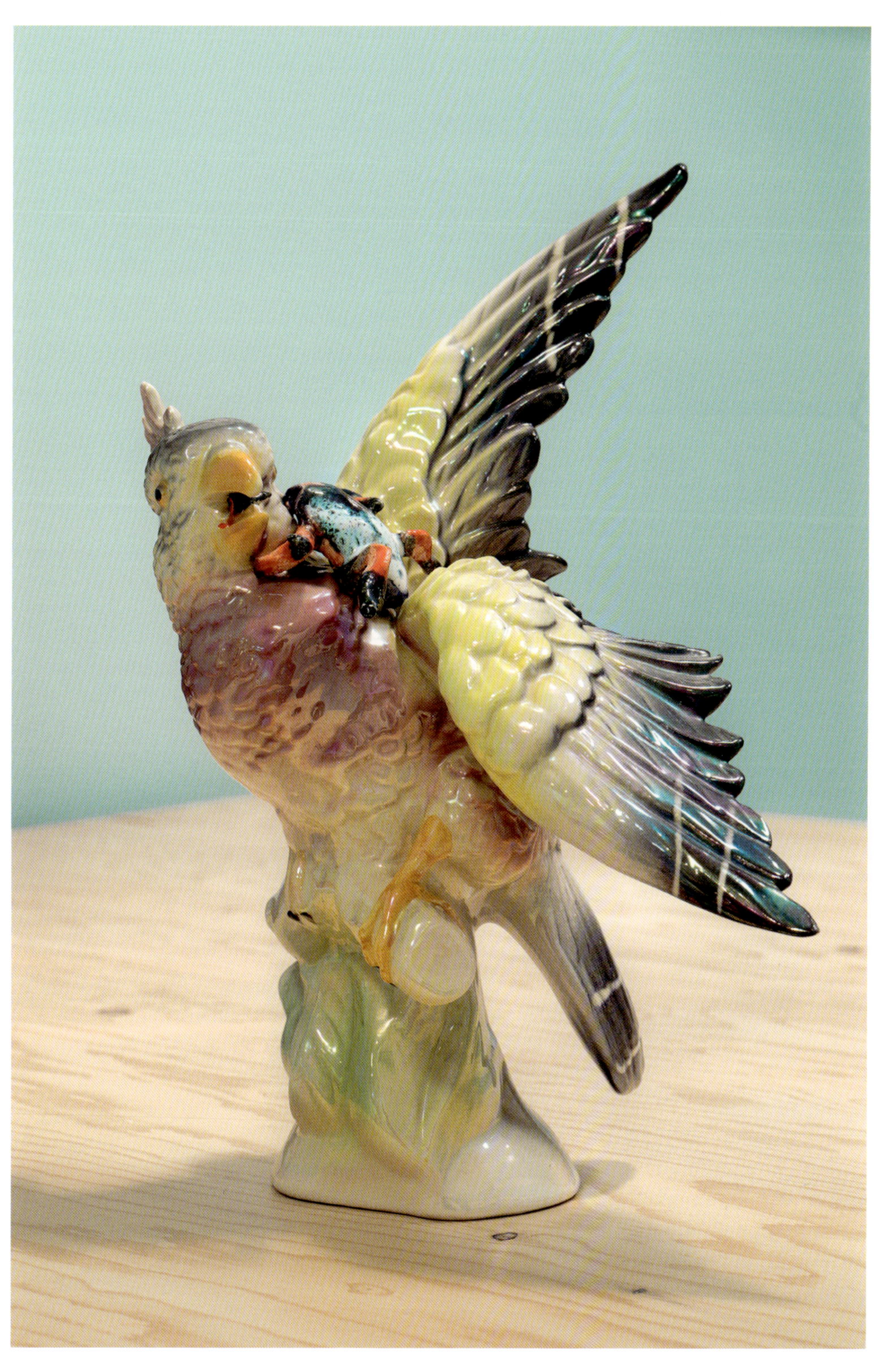

Diese und folgende Seite I **this and the following page:**
Marta Volkova & Slava Shevelenko, *From the Life of the Beetles*, 2010 – 2014 (Details)
Installationsansicht I installation view KAI 10

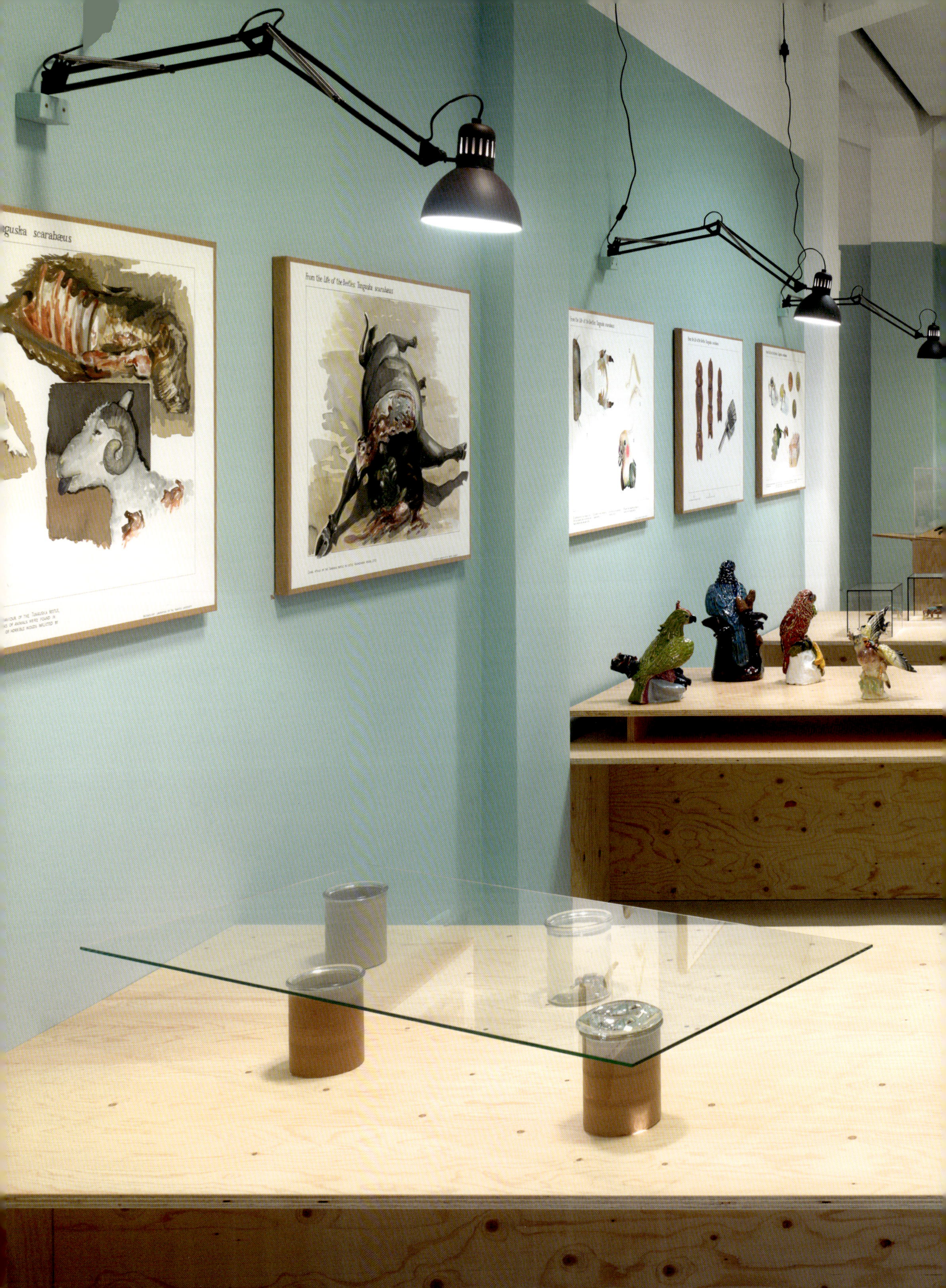

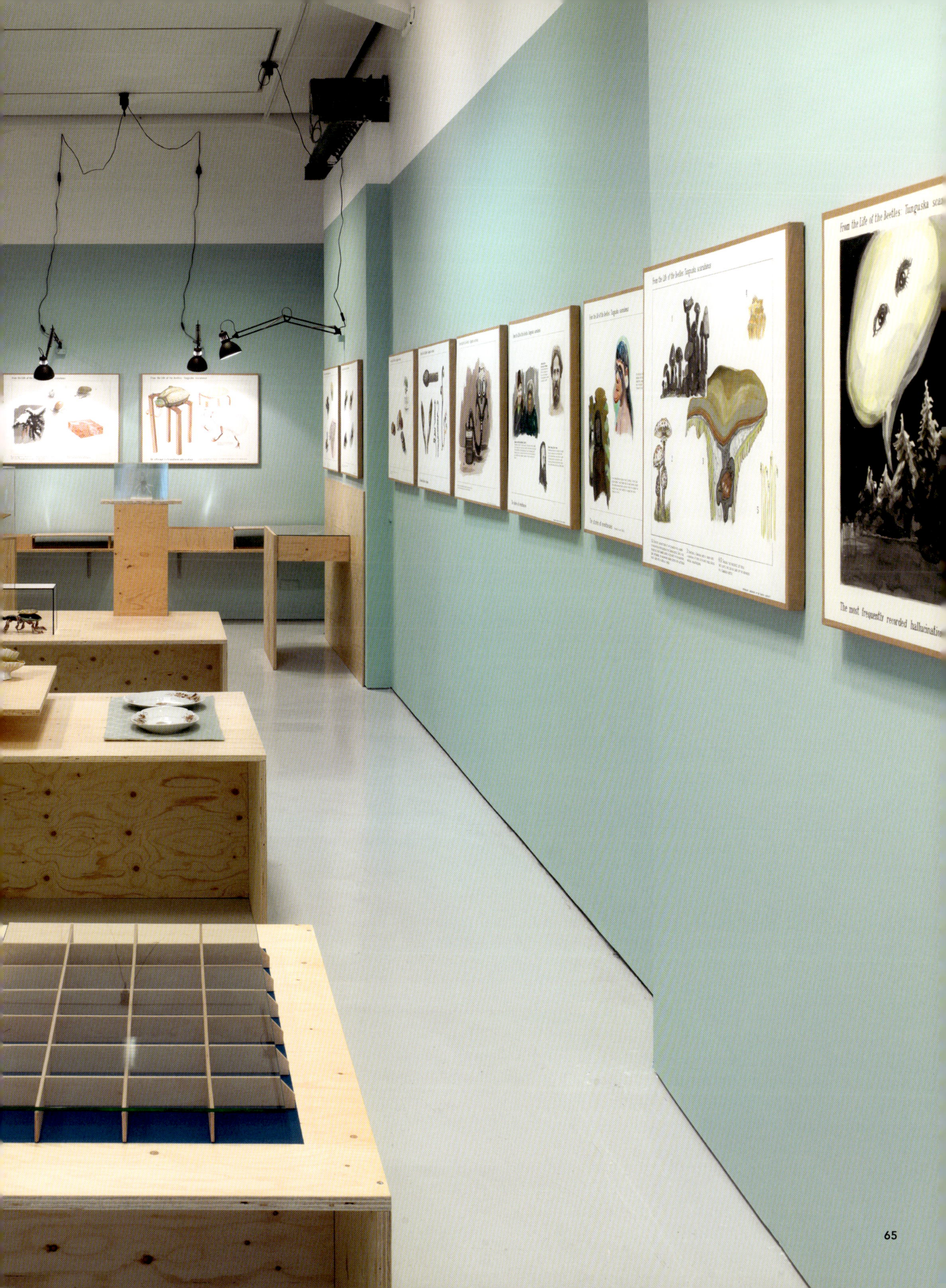

David Zink Yi

Die Riesenkalmare des David Zink Yi

Der erste Anblick des auf dem Boden liegenden, riesigen Kopffüßlers ist irritierend. Handelt es sich um den toten Körper eines echten Tieres oder sehen wir eine perfekte Nachahmung, eine zoologisch getreue Imitation des mythischen Einwohners der Ozeane, des Architeuthis, mit seinen überlangen Fangarmen und den bedrohlichen Saugnäpfen? In der Tat entpuppt sich die Skulptur von David Zink Yi, und um eine solche handelt es sich hier, als ein merkwürdiger Zwitter. Die dreidimensionale Darstellung eines leblosen Riesenkalmars entspricht durchaus der in der Natur vorkommenden Gestalt, so dass der Eindruck von Echtheit entsteht. Zugleich ist die Skulptur aber ein Abstraktum, sie zeigt das Tier im Moment des Übergangs vom Leben zum Tod. Nach einer Fotografie in Keramik ausgeführt, vermittelt die glatte, glasierte Oberfläche die Anmutung natürlicher Pracht, aber auch ihre Vergänglichkeit. Hinter dem Glanz verbirgt sich der transitorische Moment, in dem die Materie von einem Zustand in den anderen wechselt. Das Tier fällt der Verwesung anheim. Dem Kreislauf des Lebens folgend, verlaufen die Naturprozesse irreversibel in Richtung der materiellen Umkehrung. Im Zusammenhang mit der Ausstellung seiner ‚Kalmare' in der Tate Modern in London (2012) sagte der Künstler zu diesem Thema: „Sicherlich bieten diese Mollusken generell ein reizendes Motiv für eine Skulptur, aber es geht mir weniger um die realistische Reproduktion von Natur, als vielmehr um den seltsamen Moment, in dem diese Lebewesen sich uns zeigen, quasi als Abfall der Natur. Dieser Moment ist das viel reizendere Motiv für mich."[1]

Mit seinem Statement weist David Zink Yi auf den merkwürdigen Umstand hin, dass der Architeuthis, wie der lateinische Name der Riesenkraken lautet, selten lebendig und bestenfalls als ein an die Strände der Ozeane angespülter Kadaver bekannt ist, eben als „Abfall der Natur". Lange wusste man von solch großen Kalmaren nur aus den fantastischen Schilderungen von Matrosen und Fischern und erst in letzter Zeit von den seltenen Unterwasseraufnahmen der Meeresbiologen. Hinzu kommt, dass diese Tiere von zahlreichen Mythen und Legenden umwoben werden, die an eine lange, bis in die Antike reichende Tradition anknüpfen. Fabelhafte Ungeheuer, gigantische Wale, meterlange Schlangen und zahlreiche Kopffüßler bilden seit dem Altertum ein das gesamte Tierreich umfassendes Bestiarium, dem besonders im Mittelalter große Aufmerksamkeit von Naturkundlern und Buchillustratoren galt. Waren jedoch diese Fabeltiere und Monster meist der Phantasie ihrer Urheber entsprungen, die wiederum diffusen Ängsten und dem Aberglauben folgte, rührt die heutige, von den Riesenkraken ausgehende Faszination von Meldungen der Naturforscher

The Giant Squid of David Zink Yi

At first sight, the giant cephalopod lying on the ground is disturbing. Is it the corpse of a real animal, or are we seeing a perfect imitation, a zoologically credible model of that mythical ocean inhabitant Architeuthis, with its extra-long tentacles and dangerous suckers? As a matter of fact, we are dealing with a sculpture by David Zink Yi, which turns out to be a strange hybrid. The three-dimensional depiction of a lifeless giant squid corresponds exactly to the figure that appears in nature, giving the impression that it is real. At the same time the sculpture is an abstraction; it portrays the animal at the transition point between life and death. Modeled in ceramic after a photograph, the smooth, glazed surface conveys a sense of natural magnificence, yet also of mortality. The transitory moment in which the material passes from one state to the other is concealed behind the sheen. The animal is falling prey to decomposition. In accordance with the circle of life, the processes of nature move irrevocably in the direction of material reversion. In the context of the exhibition of his "calamari" at the Tate Modern in London (2012), the artist said: "... sure, these molluscs in general offer a fascinating motif for sculpture, but for me it's not so much about a realistic reproduction of Nature, but more a reference to this strange moment when these creatures reveal themselves to us, as a kind of garbage of Nature. It is this moment that is for me a much more intriguing motif."[1]

In his statement, David Zink Yi refers to the strange fact that the architeuthis, as the giant squid is called in Latin, has rarely been seen alive. We are best acquainted with it as a cadaver stranded on the beach—literally, "a kind of garbage of Nature." For a long time the only descriptions of these large squid came from the fantastic stories told by sailors and fishermen, and it is only recently that marine biologists have been able to capture rare underwater footage of them. Additionally, these animals are shrouded in many myths and legends that go back to antiquity. For centuries, fabulous monsters, gigantic whales, meter-long snakes, and numerous cephalopods have been part of a bestiary that encompasses the whole animal kingdom. In the Middle Ages, especially, they received special attention from natural scientists and book illustrators. Yet while most of these fantastical creatures and monsters sprang from the imaginations of their creators, who in turn were following vague fears and superstitions, today's fascination with the giant squid is based on reports from natural scientists, who entertain us with sensational discoveries. By now we know that these ten-armed squid of the coleoidea class exist all around the world, and probably live "at a depth

her, die mit sensationellen Funden aufwarten. Inzwischen weiß man, dass die zur Gattung der Tintenfische gehörenden, zehnarmige Kalmare weltweit verbreitet sind und vermutlich „in einer Tiefe von über 300 Metern (nach anderen Angaben 500 bis 1000 Meter) unterhalb des Meeresspiegels leben. Aus diesem Grund sind auch erst seit dem Beginn der Tiefseefischerei mit Schleppnetzen häufigere Fänge der Tiere bekannt geworden, teilweise wurden auch Überreste in Walmägen gefunden"[2]. Gelegentliche Funde der toten Tiere an den Meeresufern verstärken, nicht zuletzt durch die teils enorme Größe der Körper, die Faszination, mit der sie auf die Menschen wirken.

Der glänzende Tintenfisch von Zink Yi liegt auf dem Boden in einer schwarzen Lache, die einen merkwürdigen Kontrast zu dem keramischen Körper bildet. Indem der Künstler um seine Skulptur die Flüssigkeit gießt, versetzt er seine fiktive Krake in das ursprüngliche Element, ins Meer, zurück. Wie andere Kopffüßer besitzen die Kalmare einen Tintenbeutel, mit dem sie eine dunkle Flüssigkeit ausstoßen. „Das Tintensekret [bildet] eine, relativ kleine, kompakte Pigmentkörnchen-Wolke, die an der Stelle schwebt, an der einen Augenblick vorher noch […] der Tintenfisch war. Der angreifende Räuber soll die Tintenwolke mit der Beute verwechseln und mit seiner Fehlattacke Zeit verlieren, die der Tintenfisch zur erfolgreichen Flucht nutzt."[3] David Zink Yi gelingt mit dieser Erweiterung der scheinbar statischen Form des Kalmars ein überraschender Coup. Er evoziert das tote, ursprünglich mächtige Tier nicht nur als Naturphänomen, sondern erhebt den fiktiven Kadaver zu einer großartigen, aus glasierter Keramik geschaffenen Skulptur, die auf ihren ideellen Ursprung, das geheimnisvolle Leben der Tiefseekalmare verweist. Deren opaleszierende Oberfläche, ergänzt durch die schwarze Tinte, mit der sich das Tier zur Wehr setzt, deutet gleichsam auf die Wechselbeziehung zwischen Leben und Tod, ein Dauerzustand der Natur. Zugleich aber ist die schwarze Lache, eine Mischung aus Sirup und chinesischer Tinte, in gewissem Sinne das Podest der Skulptur, die im Mittelpunkt steht.

Der 1973 in Peru geborene, in Deutschland lebende David Zink Yi ist in vielen künstlerischen Medien tätig. Seit dem Studium an der Akademie der Künste in München und der Universität der Künste in Berlin tritt er als Fotograf und Autor von präzise inszenierten Videos an die Öffentlichkeit. Dabei bedient er sich unterschiedlicher Methoden, wie etwa synchronisierter Schnittfolgen und spezifischer Kombinationen von Bild und Ton, wobei ihn besonders die historischen Zusammenhänge verschiedener Kulturen interessieren, beispielsweise jene der peruanischen Geschichte im Kontrast zum Erbe des spanischen Kolonialismus. In Fotoserien wie *Twilight Images* (2011-12) setzt David Zink Yi in schwarz-weißen Langzeitaufnahmen das Leben in Kuba ins Bild. Die öffentlichen Parks in Havanna bei Nacht spiegeln für ihn die vielschichtige Lage dieses Landes mit seiner Mischung aus postsozialistischer Realität,

of more than three hundred meters (according to other sources, five hundred to one thousand meters) below the surface of the ocean. For this reason first sightings began with the onset of deep sea fishing, as they were caught in trawlers every once in a while, and sometimes the remains of squid have been found in the stomachs of whales."[2] Occasional discoveries of dead squid on ocean shores intensify the fascinating effect they have over people, not least because of the size of their bodies, which can be enormous.

Zink Yi's shiny squid lies on the ground in a puddle of black, which creates a strange contrast to the ceramic body. In pouring fluid around his sculpture he returns his fictitious squid to its original element, water. Like other cephalopods, squid have an ink sac that releases dark liquid "in order to create a dark, diffuse cloud (much like a smoke screen) which can obscure the predator's view, allowing the cephalopod to make a rapid retreat by jetting away [...] many predators have been observed attacking them mistakenly, allowing the cephalic to escape."[3] With this expansion of the seemingly static form of the calamari, Zink Yi achieves a surprising coup. He not only evokes the dead, originally powerful animal as a natural phenomenon, but also elevates the fictional cadaver to a grand sculpture made of glazed ceramic that refers to its ideational origins, the mysterious life of the deep-sea squid. Its opalescent surface, complemented by the black ink that the animals uses to defend itself, also alludes to the interplay of life and death, one of nature's constants. At the same time, however, the black pool—a mixture of syrup and Chinese ink—is, in a certain way the pedestal for the sculpture at its center.

Born in 1973 in Peru, David Zink Yi now lives in Germany and works in a number of artistic mediums. Since finishing his studies at the Akademie der Künste in Munich and the Universität der Künste in Berlin, he has enjoyed public success as a photographer and as the author of precisely staged videos. In creating them he makes use of different methods, such as synchronized editing and specific combinations of image and sound. He is particularly interested in the associating the histories of various cultures, for instance, by contrasting Peruvian history and the legacy of Spanish colonialism. For his series of photographs, such as *Twilight Images* (2011-12), Zink Yi creates black-and-white, prolonged exposures of life in Cuba. Public parks in Havana by night reflect the multi-layered situation of this country, with its mixture of post-socialist reality, Afro-Latin American music, and the hopes and dreams of young Cubans. One of the artist's most recent projects is devoted to mining in Peru. Here, he also used a black-and-white series of photographs, simply called *Untitled* (2014), as the basis for his new video, *The Strangers* (2014). It is about "a silver mine in the Ayacucho region of central Peru, while the miners are working. These photographs were taken only by the light of the lamps that the miners used while drilling."[4]

afro-lateinamerikanischer Musik und realen Wunschprojektionen der jungen Einwohner Kubas wider. Eines der aktuellsten Projekte des Künstlers ist dem Bergbau in Peru gewidmet. Ebenfalls mit einer schwarz-weißen Fotoserie, die er lediglich mit *Untitled* (2014) bezeichnete, schuf er die Grundlage für seine neue Videoarbeit *The Strangers* (2014). Es geht um „eine Silbermine in der Region Ayacucho in Zentral-Peru während der Arbeitszeit der Minenarbeiter. Für die Fotos wurde ausschließlich das Licht der Lampen verwendet, die die Arbeiter während des Bohrbetriebes verwenden"[4]. So wie bei dem *Architeuthis* auf die Rätsel der Meere angespielt wird, öffnet *The Strangers* erstaunliche aber auch beängstigende Einblicke in die Tiefen der Erde.

In seiner Arbeit als Bildhauer verfolgt David Zink Yi vielfältige Strategien, die grundsätzlich darauf zielen, das gewählte Material und die Form in ein präzises Verhältnis zum gegebenen Raum zu setzen. Wesentlich ist dabei auch die menschliche Komponente. Hierzu sagte der Künstler: „Skulptur beinhaltet für mich zwei wichtige Auseinandersetzungen: Sie nehmen Platz im Raum – also im architektonischen Kontext – ein und bilden dazu immer auch einen Bezug zum Menschen. Der eigene Körper – mit allem was das bedeutet – steht in unmittelbarem Bezug zum Objekt und dadurch wieder zum Raum. Ich arbeite mit klassischen Skulptur-Materialien wie Metall oder Keramik, benutze aber auch Video und Fotografie. Am Ende entscheidet immer eine Idee, welches Material benötigt wird. [...] Wichtig ist die Auseinandersetzung mit dem Raum und mit dem architektonischen Kontext. [...] Es gibt Arbeiten, die in ihrer Form nur ein einziges Mal gezeigt werden. Nicht besser oder schlechter, aber einfach immer anders."[5] Die Serie der *Architheutis* mit ihren veränderbaren, variierenden Sockel-Tintenlachen ist ein präzises Beispiel für diese Praxis.

Zdenek Felix

Just as *Architeuthis* alludes to the mystery of the seas, *The Strangers* opens up astonishing, yet daunting views into the depths of the earth.

In his work as a sculptor, Zink Yi pursues many strategies whose basic aim is to place the selected material and form in a precise relationship to the given space. The human component is also essential here. About this the artist says, "For me, sculpture contains two important conflicts: they take up space in a room—meaning, in an architectural context—and then always form a relationship to people. One's own body, as well as everything that it means, is in a direct relationship to the object, and hence to the space itself. I work with classic sculptural materials, such as metal or ceramic, but I also use video and photography. Ultimately, it is always the idea that decides which material is necessary. [...] What is important is the exploration of the space and the architectural context. [...] There are works that are only exhibited once in their form. Not better or worse, but simply always different."[5] The *Architheutis* series, with its changeable, variable pedestal/pools of squid ink is a precise example of this practice.

Zdenek Felix

1 Pressemitteilung, Galerie Johann König, Berlin, 4. Juli 2014.

2 Wikipedia; de.wikipedia.org/wiki/Riesenkalmare. Zuletzt besucht am 05.12.2014.

3 Wikipedia; de.wikipedia.org/wiki/Tintenfische. Zuletzt besucht am 05.12.2014.

4 Pressemitteilung, Galerie Johann König, Berlin, 4. Juli 2014.

5 David Zink Yi, in: *Interview mit Sabine B. Vogel*, Kunstforum International, Bd. 229, 2014, S.118ff.

1 Press release, Galerie Johann König, Berlin, July 4, 2014.

2 Wikipedia; de.wikipedia.org/wiki/Riesenkalmare. Last accessed December 5, 2014.

3 Wikipedia; en.wikipedia.org/wiki/Cephalopod_ink. Last accessed December 5, 2014.

4 Press release, Galerie Johann König, Berlin, July 4, 2014.

5 David Zink Yi, in: *Interview mit Sabine B. Vogel*, Kunstforum International, vol. 229, 2014, pp.118f.

David Zink Yi, *Neusilber* (*New Silver*), 2010, Installationsansicht I **installation view** KAI 10, 2014
Folgende Seite I **following page:** David Zink Yi, *Untitled (Architeuthis) (ref 1)*, 2013, Installationsansicht I **installation view** KAI 10

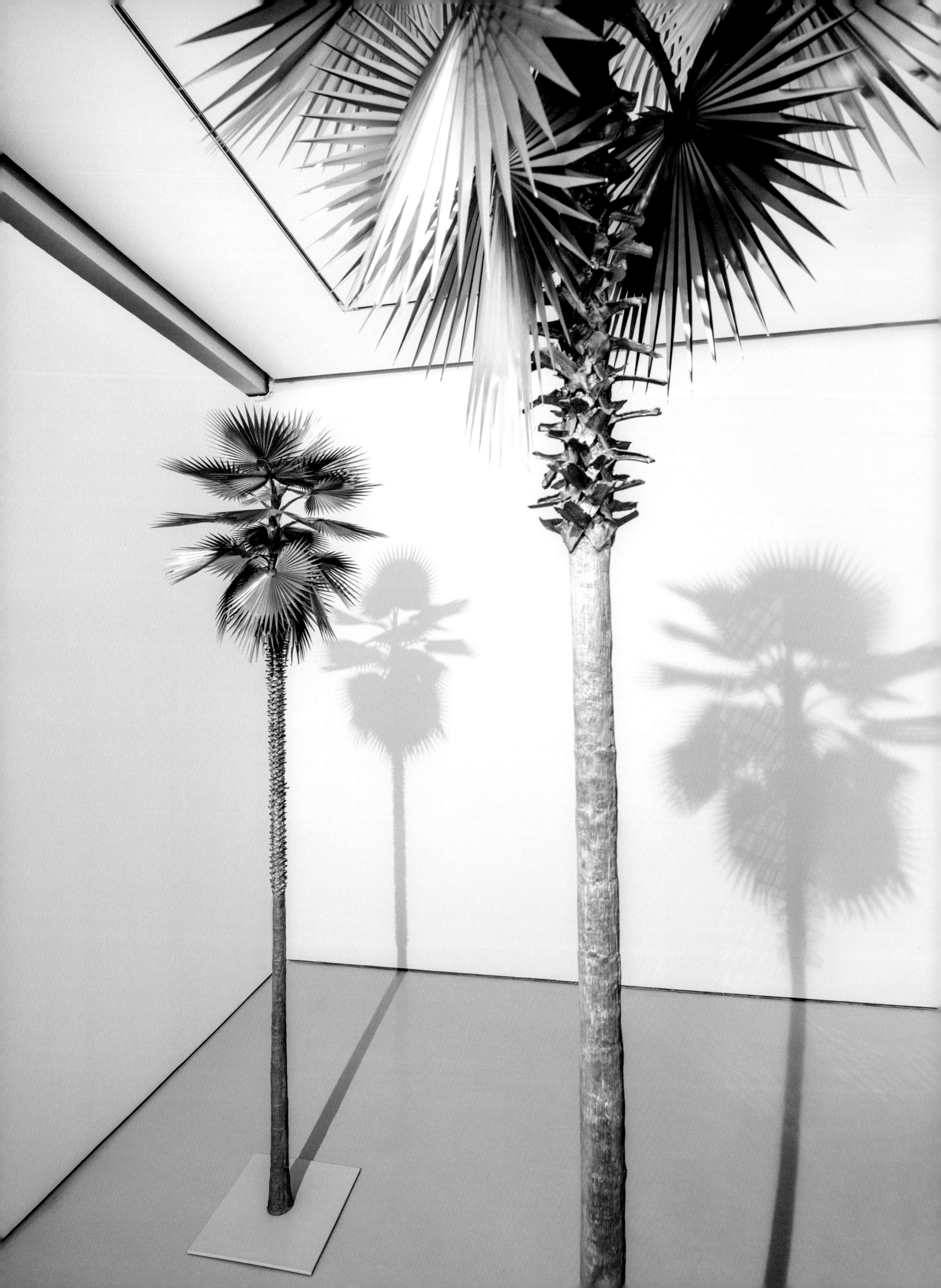

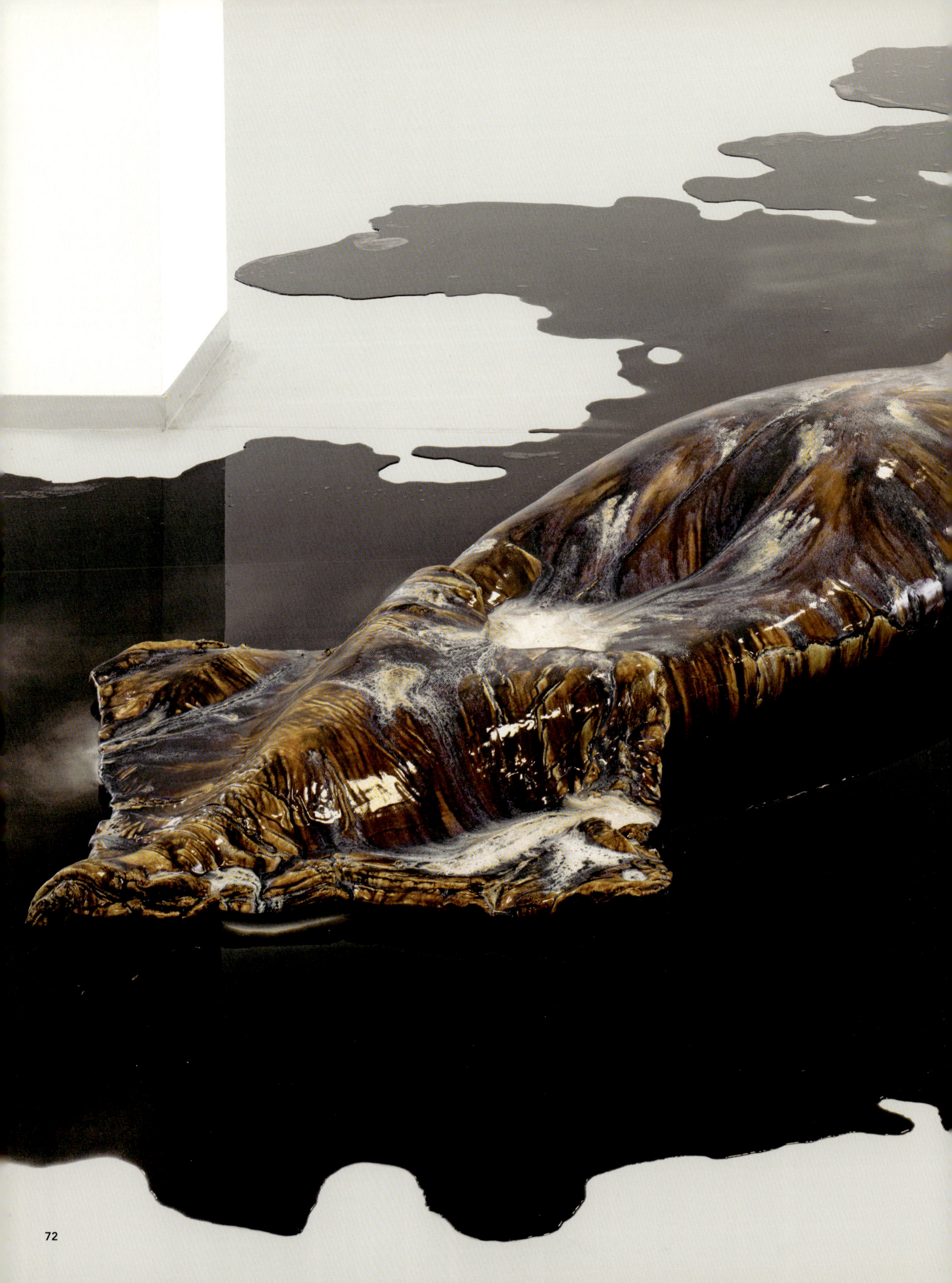

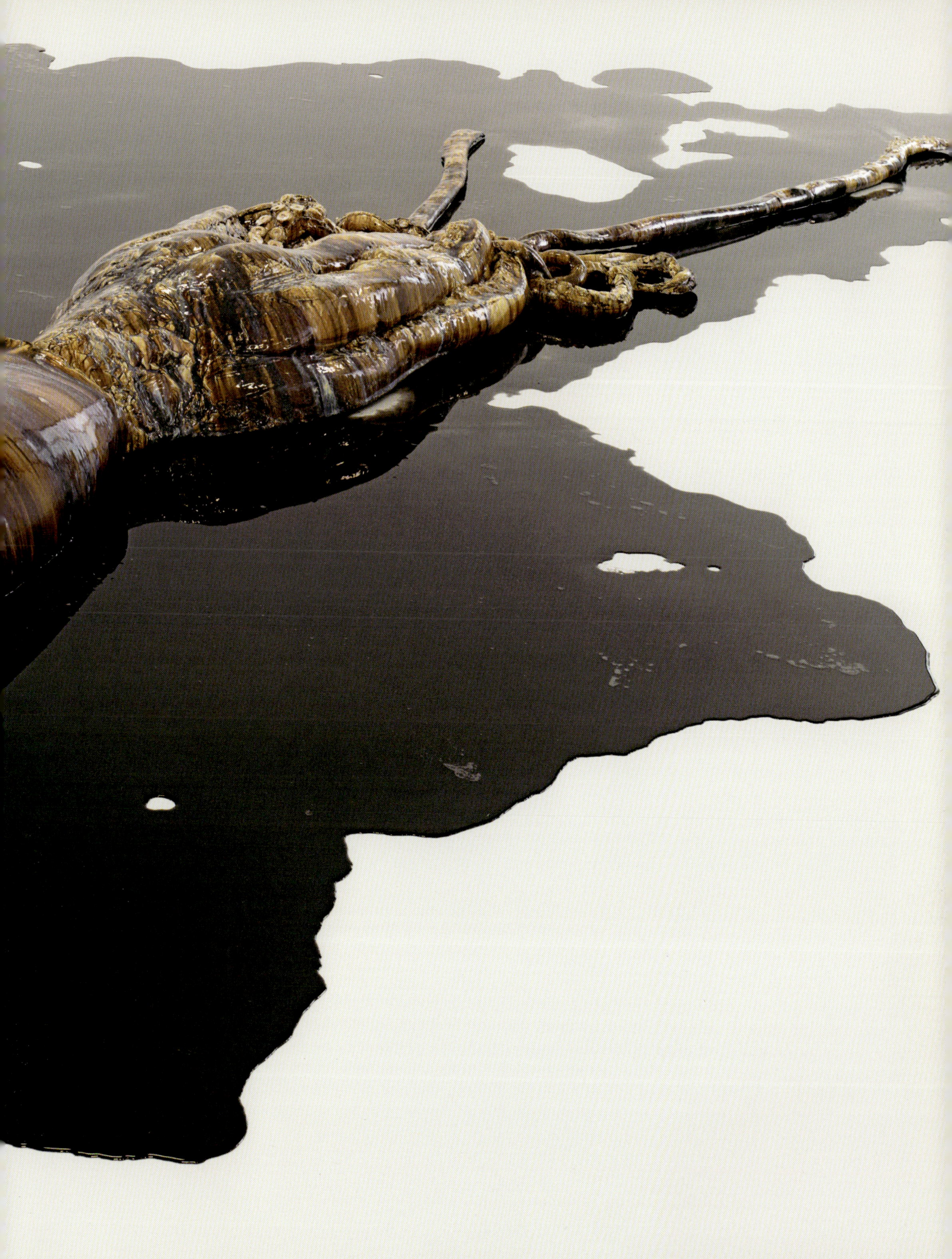

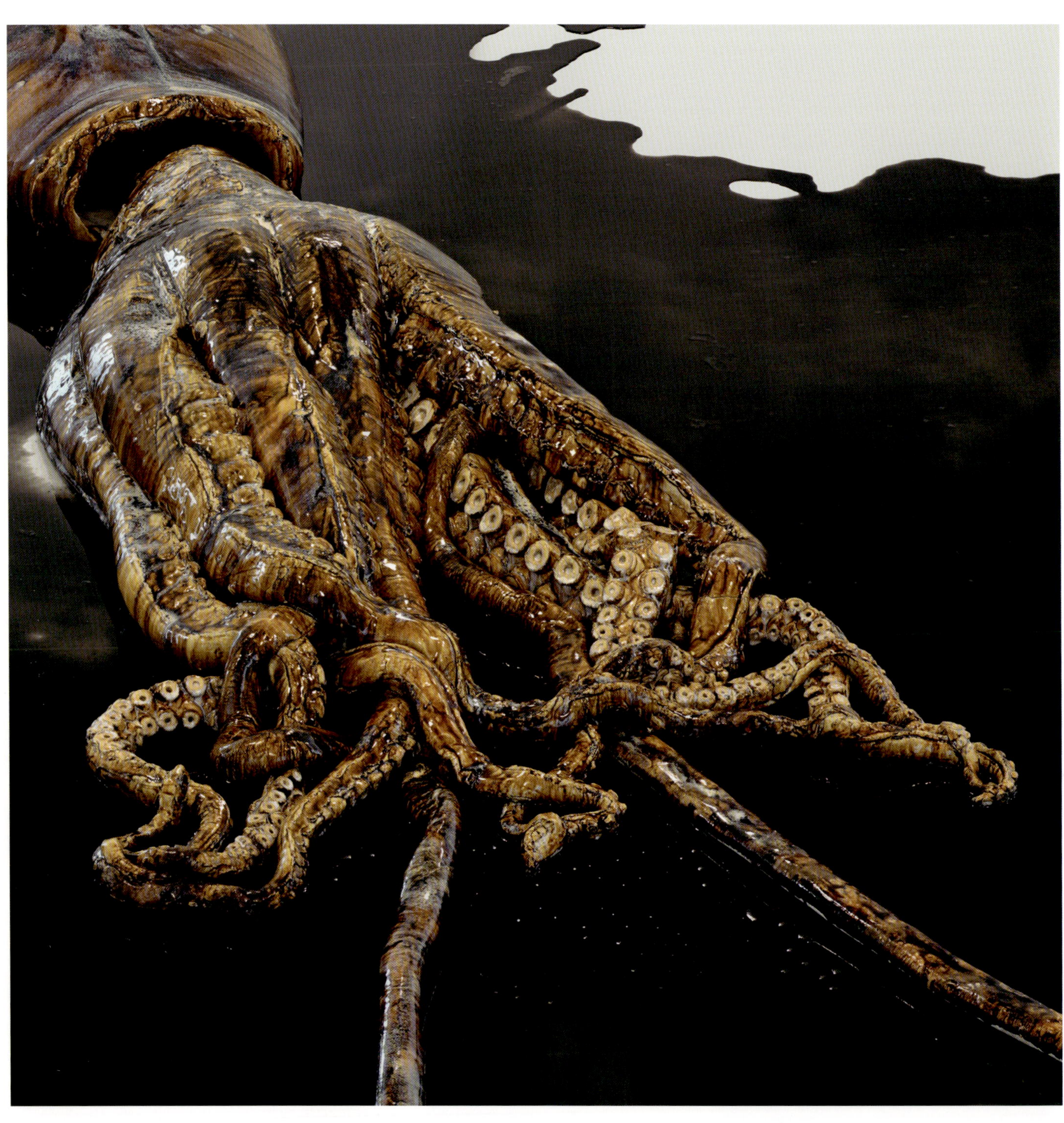

David Zink Yi, *Untitled (Architeuthis) (ref 1)*, 2013 (Details)

 Folgende Seite | **following page:** Installationsansicht | **installation view** KAI 10

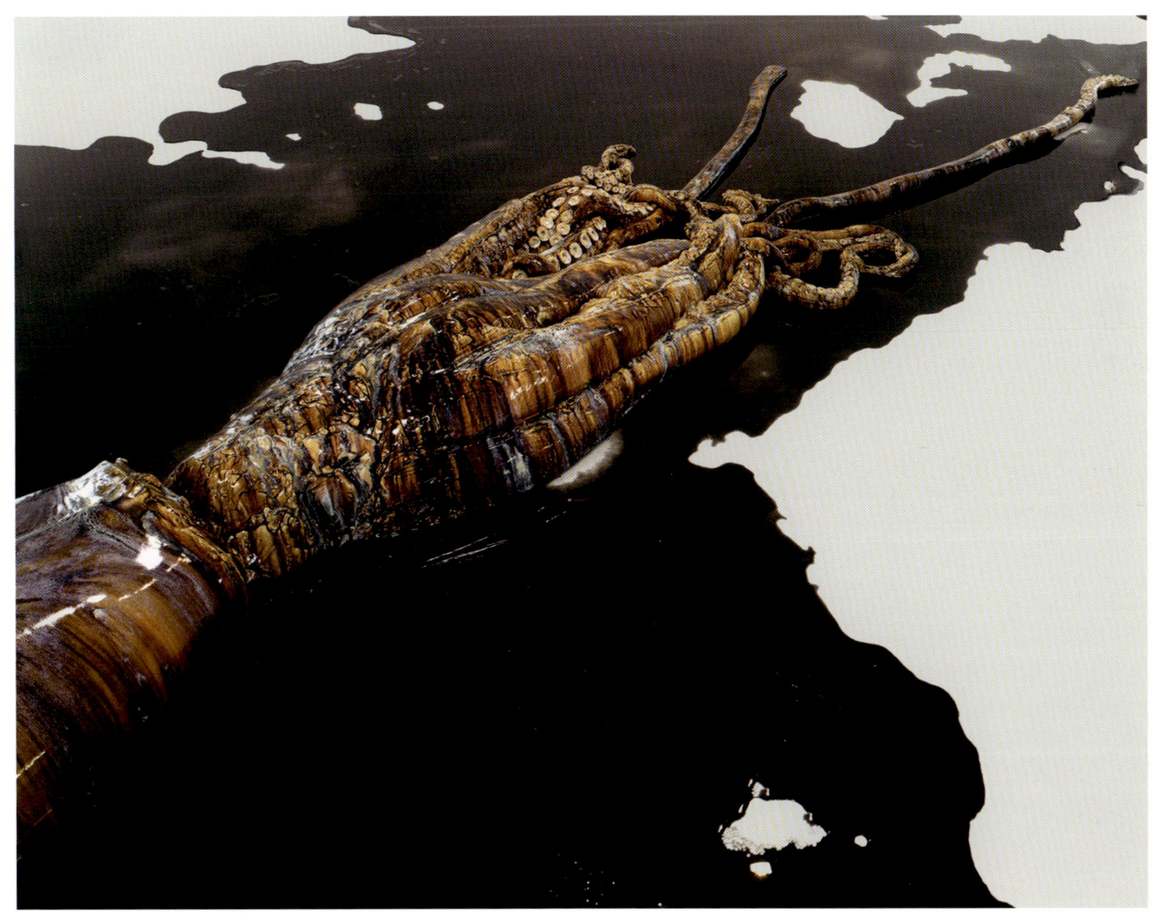

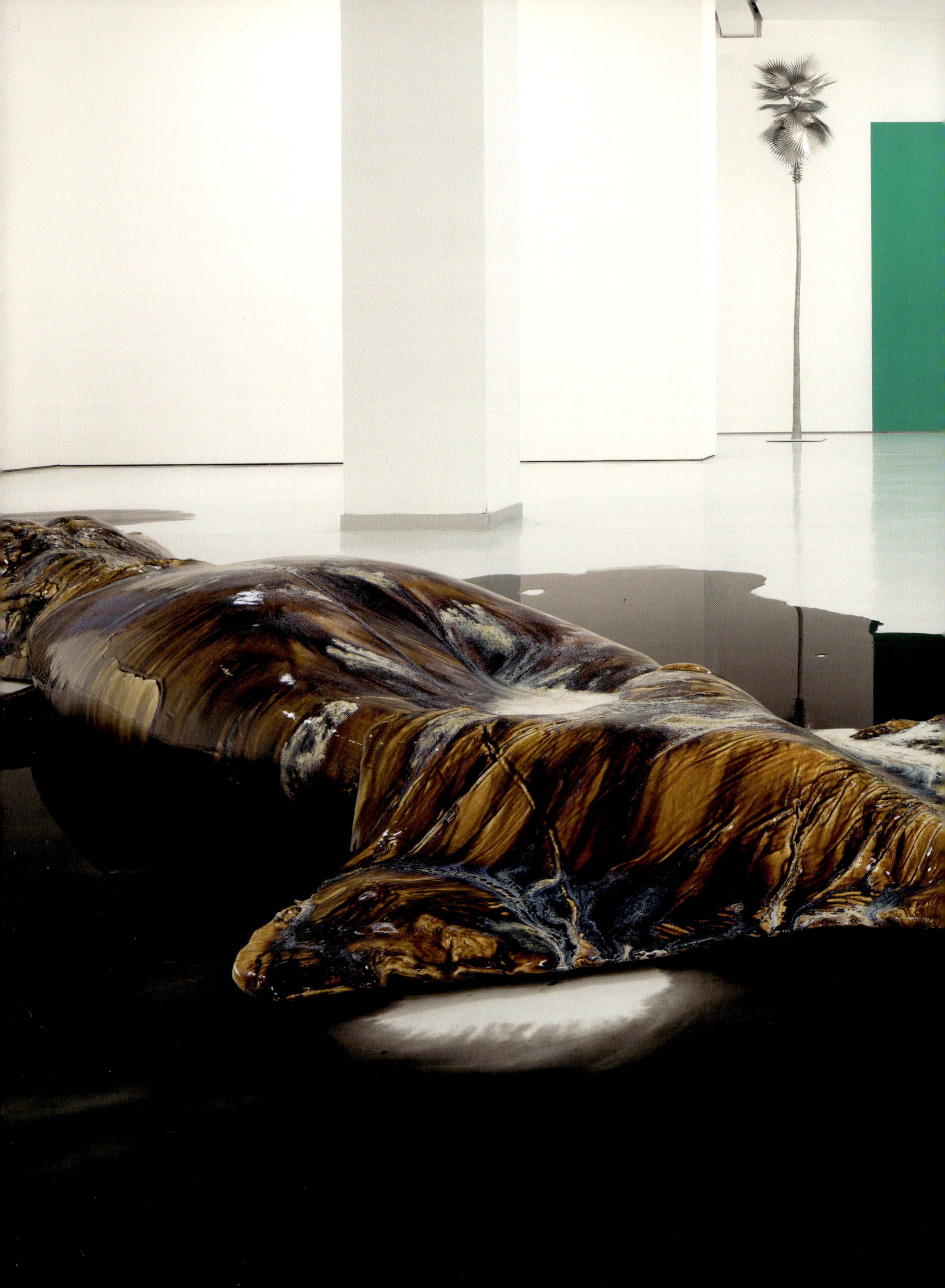

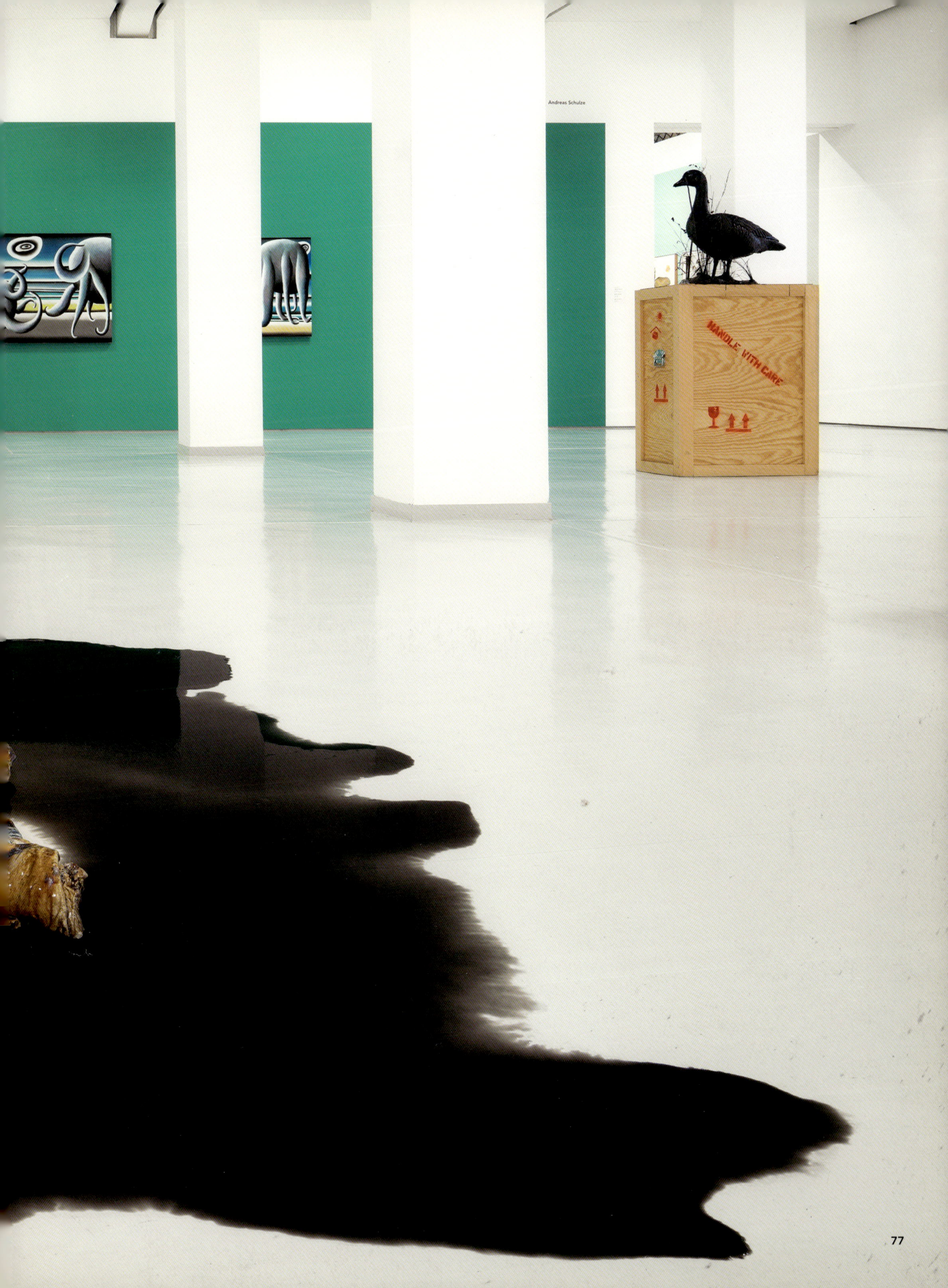
Andreas Schulze

Mark Dion

*1961 in New Bedford, Massachusetts
lebt | lives in New York

S. | pp. 19, 25
Ostrich Egg, 2014
31 x 31,9 cm
Buntstift auf Papier | colored pencil
on paper
Privatsammlung | private collection

**Anatomy: The Academy of Things –
Dresden, 2014**
37,1 x 47,2 cm
Buntstift auf Papier | colored pencil
on paper
Privatsammlung | private collection

S. | pp. 19, 24 – 25
The Dark Museum, 2014
37,1 x 47,2 cm
Buntstift auf Papier | colored pencil
on paper
Courtesy Galerie Nagel Draxler
Köln / Berlin | Cologne / Berlin

S. | pp. 25, 27
Magpie, 2014
31 x 31,9 cm
Buntstift auf Papier | colored pencil
on paper
Courtesy Galerie Nagel Draxler
Köln/Berlin | Cologne/Berlin

S. | p. 12
**Buffalo Bayou – Invasive Plant
Eradication Unit, 2008**
52,9 x 42,9 cm
Buntstift auf Papier | colored pencil
on paper
Courtesy Galerie Nagel Draxler
Köln / Berlin | Cologne / Berlin

S. | p. 22
Cabinet of the Rhone, 2009
31,6 x 41,6 cm
Buntstift auf Papier | colored pencil
on paper
Courtesy Galerie Nagel Draxler
Köln / Berlin | Cologne / Berlin

Invasive Plant Eradication Unit, 2008
25,5, x 31,6 cm
Buntstift auf Papier | colored pencil
on paper
Courtesy Galerie Nagel Draxler,
Köln / Berlin | Cologne / Berlin

Jagdhütte (Interior Studio), 2000
27,7 x 35,2 cm
Buntstift auf Papier | colored pencil
on paper
Courtesy Galerie Nagel Draxler
Köln / Berlin | Cologne / Berlin

S. | p. 25
Jungle Shop, 2007
32,5 x 4 cm; 44,4 x 37 cm
2-teilig | 2 parts
Buntstift auf Papier | colored pencil
on paper
Courtesy Galerie Nagel Draxler
Köln / Berlin | Cologne / Berlin

S. | pp. 20, 23
Rhinoceros Horn, 2014
31 x 31,9 cm
Buntstift auf Papier | colored pencil
on paper
Courtesy Galerie Nagel Draxler
Köln / Berlin | Cologne / Berlin

S. | p. 25
The Unicorn Horn, 2014
31 x 31,9 cm
Buntstift auf Papier | colored pencil
on paper
Courtesy Galerie Nagel Draxler
Köln / Berlin | Cologne / Berlin

**The Bone Archive: The Academy
of Things, 2014**
37,1 x 47,2 cm
Buntstift auf Papier | colored pencil
on paper
Courtesy Galerie Nagel Draxler
Köln / Berlin | Cologne / Berlin

S. | pp. 20-26
The Collector, 2014
115 x 21,5 x 21,5 cm
diverse Matrialien | mixed media
Courtesy Galerie Nagel Draxler
Köln / Berlin | Cologne / Berlin

S. | pp. 12, 21, 25
The Tar Museum – Goose, 2006
183 x 90 x 46 cm
diverse Matrialien | mixed media
Courtesy Galerie Georg Kargl
Wien | Vienna

S. | pp. 13, 21, 77
The Tar Museum – Goose, 2006
83 x 46 x 174 cm
diverse Matrialien | mixed media
Courtesy Galerie Georg Kargl
Wien | Vienna

S. | p. 20
**The Tar Museum – Lizard and Gecko,
2006**
80 x 90 x 50 cm, 2-teilig | 2 parts
diverse Matrialien | mixed media
Courtesy Galerie Georg Kargl
Wien | Vienna

S. | pp. 19 – 20, 25
The Tar Museum – Mammal, 2006
80 x 46 x 161 cm
diverse Matrialien | mixed media
Courtesy Galerie Georg Kargl
Wien | Vienna

S. I pp. 19, 21, 23
Flamingo, 2007
176 x 50 x 51 cm
ausgestopfter Flamingo, Holzkiste, Teer
taxidermic flamingo, wooden crate, tar
Roel Arkesteijn, Antwerpen I **Antwerp**

Stefan Panhans

* 1967 in Hattingen
lebt I **lives** in Berlin

S. I pp. 36–39
**If A Store Clerk Gave Me
too Much Change, 2009**
2 x 15 Min.
HDV mit Ton I **with sound**
Courtesy der Künstler I **the artist**

Andreas Schulze

* 1955 in Hannover
lebt in Köln I **lives in Cologne**

S. I pp. 12–13, 47–49, 77
Untitled (Dancing Octopuses), 2013
110 x 120 cm
Acryl auf Nessel I **acrylic on
untreated cotton**
Privatsammlung I **private collection**

S. I pp. 12–13, 47, 50, 77
Ohne Titel (Krake stehend), 2014
100 x 60 cm
Acryl auf Nessel I **acrylic on
untreated cotton**
Privatsammlung I **private collection**

S. I pp. 12–13, 47, 51
Ohne Titel (Krake von Links), 2014
130 x 110 cm
Acryl auf Nessel I **acrylic on
untreated cotton**
Privatsammlung I **private collection**

Marta Volkova &
Slava Shevelenko

* 1955 in St. Petersburg
* 1953 in St. Petersburg
leben I **live** in Maastricht

S. I pp. 13, 56–65
**From The Life Of The Beetles,
2014–2014**
Maße variabel I **size variable**
Mischtechnik I **mixed media**
Courtesy die Künstler I **the artists**

David Zink Yi

* 1973 in Lima
lebt I **lives** in Berlin

S. I pp. 72–77
Untitled (Architeuthis) (ref 1), 2013
25 x 100 x 390 cm
Keramik, Kunstharz I **ceramic, resin**
Courtesy Johann König Galerie, Berlin

S. I pp. 46, 71, 76
Neusilber (New Silver), 2010
h = 334, Ø 100 cm
Aluminium, Edelstahl I **aluminum,
stainless steel**
Courtesy Johann König Galerie, Berlin

S. I p. 46, 71
Neusilber (New Silver), 2010
h = 355, Ø 105 cm
Aluminium, Edelstahl I **aluminum,
stainless steel**
Courtesy Johann König Galerie, Berlin

Impressum | Imprint

Diese Publikation erscheint anlässlich der
Ausstellung | This publication accompanies the
exhibition

Lost Paradise
Mark Dion, Stefan Panhans, Andreas Schulze,
Marta Volkova & Slava Shevelenko, David Zink Yi

11. Oktober 2014 bis 21. Februar 2015
October 11, 2014 to February 21, 2015

Herausgeber | editor
KAI 10 | Arthena Foundation, Düsseldorf

Kuratoren | curators
Zdenek Felix, Ludwig Seyfarth

Vorwort | preface
Monika Schnetkamp

Autoren | authors
Zdenek Felix, Ludwig Seyfarth, Cora Waschke

Redaktion des Katalogs | catalogue editing
Julia Schleis, Marion Eisele

**Koordination der Ausstellung | exhibition
coordination**
Julia Schleis, Marion Eisele, Nora Krause,
Julia Höner

Grafische Gestaltung | graphic design
Kurz Gestaltung, Berlin

Lithografie | lithography
Henning Krause

Übersetzung | translation
Allison Plath-Moseley

Lektorat | copy editing
Julia Schleis, Marion Eisele, Marina Krause

Fotografie | photography
Achim Kukulies: Cover, S. | pp. 20/21, 25, 26, 36/37,
46–59, 62, 64/65, 73–75
Henning Krause: S. | pp. 12–19, 23, 60/61, 63, 71, 76/77
Felix Vogel: S. | pp. 22, 24, 27

Assistenz | assistance
Tanja Fernholz, Birgit Popien

Haustechnik | facility management
Paul Rosenthal

Dank an | thanks to
Martin Adler, Roel Arkesteijn, Matthias Grotevent,
Christian Imhoff, Max Korschmeier, Maik Prus,
Klaus Wenner

**Projektmanagement | project management
Kerber Verlag**
Katrin Meder

Die Deutsche Nationalbibliothek verzeichnet diese
Publikation in der Deutschen Nationalbibliografie;
detaillierte bibliografische Daten sind im Internet
über http://dnb.dnb.de abrufbar.

The German National Library lists this publication
in the German National Bibliography; detailed
bibliographic data is available on the Internet at
http://dnb.dnb.de.

**Gesamtherstellung und Vertrieb | printed
and published by**
Kerber Verlag, Bielefeld
Windelsbleicher Str. 166–170
33659 Bielefeld
Germany
Tel. +49 (0) 5 21/9 50 08-10
Fax +49 (0) 5 21/9 50 08-88
info@kerberverlag.com

Kerber, US Distribution
D.A.P., Distributed Art Publishers, Inc.
155 Sixth Avenue, 2nd Floor
New York, NY 10013
Tel. +1 (212) 627-1999
Fax +1 (212) 627-9484

KERBER-Publikationen werden weltweit in
führenden Buchhandlungen und Museumsshops
angeboten (Vertrieb in Europa, Asien, Nord- und
Südamerika). | KERBER publications are available
in selected bookstores and museum shops
worldwide (distributed in Europe, Asia, South and
North America).

ISBN 978-3-7356-0062-2
www.kerberverlag.com

Printed in Germany

KAI 10 | Arthena Foundation
Kaistraße 10
40221 Düsseldorf
Tel. +49 (0) 211 99 434 130
Fax +49 (0) 211 99 434 131
info@kaistrasse10.de
www.kaistrasse10.de

Vorsitzende | chairwoman Arthena Foundation
Monika Schnetkamp

Künstlerischer Direktor | artistic director
Zdenek Felix

Kuratorin | curator
Julia Höner

Projektleiterin | project manager
Julia Schleis

**Wissenschaftliche Mitarbeiterin
research assistant**
Marion Eisele

Restauratorin | conservator
Nora Krause